红色记忆® 31

血战大鱼山岛

海南省文化交流促进会　编

南海出版公司
2014·海口

图书在版编目（CIP）数据

红色记忆·第1辑·31 / 海南省文化交流促进会编.
—海口：南海出版公司，2014.3（2025.1重印）
ISBN 978-7-5442-7070-0

Ⅰ.①红… Ⅱ.①海… Ⅲ.①革命传统教育—中国—青年读物②革命传统教育—中国—少年读物 Ⅳ.①D642-49

中国版本图书馆CIP数据核字（2014）第044058号

HONGSE JIYI · DI 1 JI · 31

红色记忆·第1辑·31

作　者	海南省文化交流促进会
总策划	刘　栋
顾　问	贾延岩
执行总编	任在齐　张　桐　张爱国
责任编辑	聂　敏
封面设计	郑广明
排版印务	魏灵玲
发行总监	杨成春
出版发行	南海出版公司　电话：（0898）66568508　66568511
社　址	海南省海口市海秀中路51号星华大厦五楼　邮编：570206
电子信箱	nhpublishing@163.com
经　销	新华书店
印　刷	天津睿意佳彩印刷有限公司
开　本	787毫米×1092毫米　1/16
印　张	6.25
字　数	100千字
版　次	2014年3月第1版　2025年1月第2次印刷
书　号	ISBN 978-7-5442-7070-0
定　价	39.80元

对历史无知的人，没有真正的信仰可言；没有信仰的人，不可能拥有美好的理想，不可能胸怀崇高的情感，也就不可能担负起任何责任。用欲望文化代替历史教育，足以使一个国家的青年被腐蚀、使一个民族的希望被毁掉，使这个国家和民族被永世万代地奴役！

鉴于此，我们呼唤历史，唤回那段属于二十世纪的“红色”历史，唤回那段炮火硝烟、颠沛流离的历史，唤回那冲天的狼烟留下的悲壮回忆、岁月年轮沉淀的斑驳痕迹。历史不应该被忽略，更不应该被遗忘，牢记那段革命战争年代的红色历史更是责任。为了那些不应该被忘却的记忆，为了那些不应该被丢弃的信念，于是就有了这套《红色记忆》丛书。

曾记否，当草鞋与意志丈量出来的两万五千里穿越一个伟大民族五千年的荣辱兴衰，革命的火种被一路播撒、一路点燃。人迹罕至的雪山、荒无人烟的草地被鲜血浸透，衬映出一段光辉的里程；万水千山早已被远远地抛在身后，一轮红日在黄土高原磅礴而起。满目疮痍的河山在1936年10月温暖如春……

曾记否，当生命和鲜血浸染的十几年光阴将一种记忆铭刻进一个伟大民族的历史画卷，革命的火焰从星火到燎原。这栏杆拍遍、易水悲歌般的呼号，这折戟沉沙、慷慨赴义的悲壮，这铁马冰河、枕戈待旦的苦战，这红旗漫卷、所向披靡的豪迈……腔腔热血、铮铮铁骨早已被熔铸成一座不朽的丰碑，中华民族从苦难中百死后生的壮丽诗史凝结成了五星闪耀的红色记忆。

曾记否，中华人民共和国成立以来，又有无数英烈接过前辈用鲜血染红的旗帜，或壮怀激烈戍边卫国，或忠于职守鞠躬尽瘁，或绝甘分少奉献大爱，甘做国家强盛、人民富裕的铺路石，成为和平年代民族复兴的荣光，把人民心中的红色记忆浸染得分外鲜艳，永不褪色。

这红色记忆，是信念不衰、志向不改的崇高气节；这红色记忆，是无私无我、生属苍生的博大胸怀；这红色记忆，是敢为人先、披荆斩棘的拓荒精神；这红色记忆，是中华民族最宝贵的精神财富。它告诫我们，人事有代谢，传承无绝期。缅怀先烈精神，继承先烈遗志，是社会的道德和民族的良心，是后来者须臾不可忘怀的本分。

老一代人把历史的真实交付给我们，我们有责任用真实还原历史，传承给下一代，把那段岁月与现在年轻人的生活连接到一起，使他们眼中的历史变得立体、真实、可靠，让历史成为他们前进的动力。本丛书将那些流动的、随时会飘散在时间天际的事件凝固下来，希望透过这些文字、图片，感受到英雄们那坚定的革命信念，感受到那个年代澎湃的革命激情，真切体会那段“红色历史”。

忘记历史，就意味着背叛。让我们重温历史，缅怀先烈，从中汲取力量，毅然前行。

刘栋

目录

CONTENT

目录

CONTENT

许光达大将轶事

文／吴东峰

许光达1926年进入黄埔军校，后转到武汉分校学习。

许光达

许光达将军方脸大耳，嘴阔鼻高，为人谨厚，言貌温和，待上下左右彬彬有礼。湖南长沙东乡萝卜冲人，排行第五，人称“五伢子”；七岁时由大伯资助，入凤凰庙小学读书，课余放牛打柴；后以优异成绩考入长沙县塱梨镇高小；1921年秋，考入长沙师范学校。将军坦言，其时父辈供其读书，目的很明确，就是为了将来谋个一官半职，光宗耀祖。

1926年，许光达入学黄埔军校，为五期炮科学员。黄埔军校毕业后，许光达被分配到张发奎之国民革命军第四军任见习排长。1927年8月，许光达接地下党组织令：开小差，速去南昌，参加起义。许光达与数名党员晓行夜宿，跋山涉水，8月6日到达南昌。是时，南昌起义部队已败退，途中多散兵游勇，悲观气氛弥漫。许光达则毫不气馁，继续南下尾追起义部队。有人问他：“起义军已败，知道吗？”答：“知道。”又问：“为何还追败军之师？”答：“虽败犹荣。”又问：“这不是去送死吗？”答：“虽死犹生。”

数日后，许光达赶赴宁都，参加了南昌起义部队第二十五师，始任该师七十五团三营排长，人称“娃儿排长”。会昌之役，他率全排为全连尖刀，克敌一高地，获团嘉奖。战后，他被任命为代理连长，人称“娃儿连长”。是年，将军十九岁。

1929年10月，许光达被派往洪湖

革命根据地，1930 年 2 月，参与组建中国工农红军第六军，先后任军参谋长，第十七师政治委员和师长等职，参与开辟了以洪湖为中心的湘鄂西苏区，多次率部参加反“围剿”作战。1932 年春，他率部与国民党军激战于鄂西之瓦庙集，被一弹击中胸部，弹头入腹腔距心脏十厘米。战后，他于红军医院手术，因弹头深嵌，开刀三次均未能取出，遂被秘密转送上海疗伤。将军回忆言，于上海某医院手术，甫备皮，忽见一时髦女郎推门而进，与护士言：“家中有急事，我弟弟手术不做了。”急帮将军穿衣，扶之出院，上一辆轿车疾驶而走。时髦女郎为上海地下党交通员。因叛徒出卖，该医院为苏区红军指挥员疗伤事暴露。将军走后十分钟，国民党特务即包围医院。是年，经我党地下组织安排，许光达拖病躯忍疼痛，辗转赴苏联疗伤。

许光达 1926 年，进入黄埔军校，后转到武汉分校学习

许光达伤愈后先入国际列宁学院中国班学习。后报名参加莫斯科东方大学举办的汽车训练班，初涉汽车、坦克、大炮之驾驭技术。1934 年底，曾奉命借调到苏军边防军司令部，派往新疆调解盛世才与马仲英的冲突。1937 年冬，在王稼祥、邓发的帮助下，许光达经新疆、兰州到达延安。

抗日战争时期，许光达将军任中国人民抗日军事政治大学训练部部长。将军治校严肃正规，颁布内务条令规定，行进间军人相遇，要相互敬礼。初始，此规定甚难执行。将军身体力行，凡上街见学员，均举手敬礼。如此反复多次，抗大军人礼节蔚然。

1947 年 8 月，胡宗南进犯延安。中央机关撤至黄河边，被挤压于葭县、米脂、榆林三县交界之狭小地区，西侧是榆林河、无定河，东面是黄河，南面和北面敌大军步步压来，处境十分危险。8 月 16 日，时任西北野战军三纵司令员的许光达奉彭德怀元帅令，火速前往保卫中央机关转移。将军回忆，8 月 17 日，率部冒雨到达指定地域——乌龙镇。一看吓了一跳，仅隔一条雨裂沟，中央机关男女老少队伍隐约可见。是时，将军召各旅旅长登高望之，并下达死命令：“看到了没有，党中央就在前面。哪怕敌人的炮弹落在我们身上，也不许后退一步！”8 月 18 日上午，三纵于乌龙镇以北与敌交火，激战一昼夜，阻敌三个旅轮番进攻，掩护中央机关安然转移。事后，毛泽东称赞此战：“侧水侧敌本是兵家之忌，而我军犯了这个忌，却取得了前无古人的胜利。”

许光达将军作战善思索，喜用计。1948 年春，西北野战军发起宜川战役，

1938年，许光达（前排左三）从苏联回国后不久

并决定以“围点打援”战法，即以部分兵力围攻宜川，集中主力于运动中歼灭来援之敌。战前，将军向彭德怀元帅献策：“援兵急来就慢打，慢来就急打，急慢相兼。如猎人设陷阱，以打狼崽引老狼，既要把它打哭，又不能把它打死，方能活捉老狼。”彭总点头称善。是役，果大捷，“老狼”（刘戡援军）与“小狼”（宜川守敌）俱获。毛泽东闻之连曰：“打得好，打得好，打得好！”

中华人民共和国成立后，许光达将军任装甲兵司令员。他率装甲官兵自力更生，励精图治，定规划，颁条令，建学校，办工厂，任内政绩显著。中苏交恶后，仍先后自行设计和制造出五九式坦克、轻型坦克、水陆坦克、装甲运输车等。将军极重视技术，曾提出“没有技术就没有坦克部队”“为掌握坦克技术而斗争”，装甲部队官兵人人皆知，耳熟能详。将军身体力行，五十岁仍带头学习坦克技术和操作技能，治下排以上军官，无一不是合格的坦克驾驶员。

1955年秋，全军将实行军衔制。毛泽东提议，许光达应授大将衔。许光达闻知，夜不能寐，忐忑不安。9月10日，他向军委领导提交“降衔申请报告”，要求“授我上将衔。另授功勋卓著者以大将”。

许光达将军夫人邹靖华回忆，将军获知将授大将衔消息当日，一夜未眠，翻来覆去。次日，授衔命令公布，将军于屋里转来转去，不言不语，似乎压力很大。邹靖华问之，将军言“授得太高了”“上面还有那么多人比我强”“好多人性命都丢了啊”！当时，中央军委没有批准许光达的申请，仍然决定授予他大将军衔。

据云，毛泽东阅“降衔申请报告”后，甚为感动，举报告与中央其他领导曰：“五百年前，大将徐达，二度平西，智勇冠中州；五百年后，大将许光达，几番让衔，英名天下扬。”

（本文选自《北京日报》）

“神炮”将军赵章成

文／梁洪波　辛　蕾

赵章成

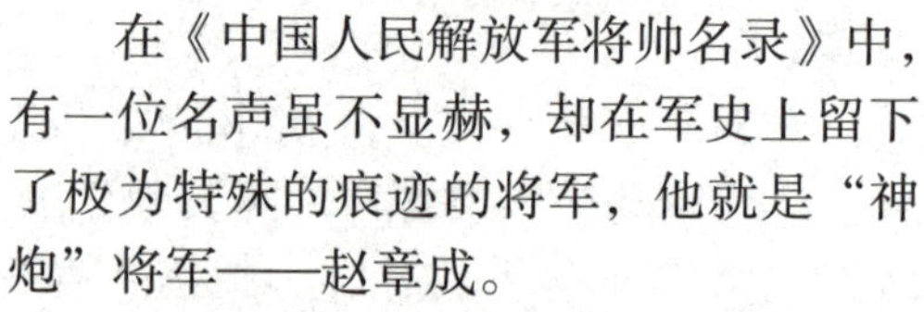

在《中国人民解放军将帅名录》中，有一位名声虽不显赫，却在军史上留下了极为特殊的痕迹的将军，他就是“神炮”将军——赵章成。

赵章成原本是冯玉祥西北军二十六路军中的一名迫击炮手。1931 年，二十六路军在赵博生、董振堂等人的领导下举行宁都起义，赵章成随同部队参加了红军。赵章成参加红军时甚至还是文盲，但凭着自己的天赋和战斗经验，他练就了一身无人能及的迫击炮操作技术。

在长征途中，赵章成的迫击炮显示了威力。乌江战斗，杨成武团第一次强渡和夜间偷渡失利之后，第二次昼间强渡，赵章成指挥三门迫击炮进行火力支援。说指挥，实际上是他自己操炮。当强渡部队靠上对岸时，赵章成经过简单的目测后，一发试射，第二发就准确击中目标，摧毁了对部队威胁很大的敌火力点。接着，他又以准确的炮击击中敌反击部队的冲锋队形，敌方反冲锋随之溃散，红一方面军渡过了天险乌江。

红军在经过了四渡赤水、过金沙江等战斗之后，武器弹药的损耗很大，却无法得到补充。当一军团到达大渡河安顺场渡口时，赵章成的手中只有一门无炮架的迫击炮和三发炮弹。强渡大渡河是长征途中关系红军生死存亡的一

延安时期赵章成（第一排中间）和战士在一起

战——若胜，红军就彻底摆脱敌军的围追堵截；若败，红军就是石达开第二。

如今，凡谈到安顺场强渡都会提到著名的“十七勇士”，也必然会提到赵章成和他的迫击炮。安顺场强渡战斗，运载工具只有一条小木船。第一批过河的就是“十七勇士”，在机枪火力掩护下强行登上了对岸；第二批到中游时船中弹漏水，加上敌火力压制造成船工慌乱，一时难以靠近对岸，而此时的“十七勇士”被敌机枪火力压制在滩头，岌岌可危。指挥战斗的团长杨得志急令赵章成开炮支援。只见赵章成用左手托起没有炮架的炮身，全凭自己的手和经验技术来代替瞄准装置，仅有的三发宝贵炮弹均准确无误地命中目标，摧毁了敌三个机枪火力点。

最能体现赵章成“神炮”威力的战斗发生在抗战中期。当时赵章成在一二九师任职，八路军缴获了三门迫击炮和一批炮弹，参战部队中却没有一个人会操炮，战斗又急需炮火支援，于是急调本不在战场的赵章成火速赶来，并专门选了六名战士供他指挥。炮击开始，六名从未摸过炮的战士在赵章成的口令指挥下，为不同目标给炮弹改装不同药包，而赵章成则一个人同时操纵三门炮进行不间断射击，直到三门炮的炮膛都打红了。战斗结束后据俘虏供称：当受到炮击时，日军指挥官根据炮火的准确和密度判断，八路军有一个迫击炮排在进行齐射！

可想而知，赵章成一个人手下的三门迫击炮，发射的速度、准确度和火力密度已经达到何等高超的水平！

（本文选自《解放军报》）

炮兵副司令赵章成在培训战士

炮兵名将威犹在

文/周克玉

从一阵隆隆的炮声中醒来，才知道原来是个梦。我经常进入这样的梦境，这是六十年代我在济南军区炮兵二十四团当政委时，我们部队的老司令员颜伏同志给我留下的深刻记忆造成的。特别是他在抗日战争、解放战争、抗美援朝等诸多战役中有勇有谋地指挥炮兵，屡屡克敌制胜的战斗情景，常常出现在我的梦中……

1937年12月的一个夜晚，新四军军部来了一位二十六岁的作战参谋。明亮的眼神没有一丝疲惫，挂着汗珠的额头还微微冒着热气。他就是颜伏，刚刚毕业于中国人民抗日军事政治大学，从延安赶来。精力旺盛，工作勤奋，敢于战斗，机智果敢是战友们对他的评价。

抗日战争期间，颜伏同志在苏南、苏北的多次战斗中展现了英勇奋战的雄风和神威。我首次接触他是在1946年两次涟水保卫战中，他时任华野六师四十八团——新四军著名的“老虎团”团长。我带领民工担架队直接支援他指挥的部队作战并随同北撤山东。不久，中央命令我们北撤的干部一律返回原地，坚持敌后斗争。临行时他和彭冲同志（时任新四军六师五十二团政委）送给我们几挺轻机枪、步枪和部分弹药，这些帮助对我返回家乡坚持敌后斗争是有力

的支持和鼓舞。淮海战役后，他是华野六纵十八师副师长，我在纵队政治部当干事。六十年代他任原济南军区炮兵司令员时，我在其所属炮兵二十四团当了五年政委。他的言传身教与亲切关怀，给我留下了难以忘怀的印象。

颜伏同志是战争年代我军基层指挥员中少有的知识分子之一。他 1911 年出生于四川省梁山县（今重庆市梁平区），幼读私塾，1929 年考入成都民立大学政治系，1931 年到北平读书。在校期间，他受进步思想影响，1932 年加入共产主义青年团，1933 年 5 月转入中国共产党。在北平、梁平两地从事革命活动，参加过一二·九运动。在白区工作时，他曾三次被捕，但他却意志坚强，英勇不屈，严守党的机密，机智地逃出了敌人的虎口。1937 年，中共北方局决定选派一些政治上可靠、文化程度较高的同志，由他带队到延安抗日军政大学学习。他从抗大毕业后奔赴抗日前线，先后任新四军军部、第三支队司令部作战参谋，军部参谋处三科科长，六师作战科科长，十八旅五十四团、五十二团参谋长，苏浙军区司令部作战科科长，六师四十八团参谋长、团长，十六师、十八师参谋长，十八师副师长。他参加了抗日战争和解放战争，有勇有谋，屡建奇功。

1946 年 7 月，在攻打泰兴城的战斗中，颜伏同志指挥部队第一个从东城门冲进泰兴城，为整个战斗打开了突破口，与兄弟部队一道为七战七捷打了漂亮的第一仗。粟裕同志在回忆录中写道："泰州之敌……对我威胁较大……这是苏中战役的首战，也是华中我军在解放战争中迎击国民党军队大举进攻的第一个胜利的战斗。"1947 年 2 月 20 日，莱芜战役打响，颜伏同志率领四十八团主攻吐丝口镇。他率团趁夜色强攻，带伤亲自到前沿阵地指挥作战，大大鼓舞了全团士气，巩固了既得阵地并乘胜扩大了战果，为莱芜战役首立战功。淮海战役中部队攻击碾庄外围据点彭庄时受阻。他审时度势，提出良策，被纵队王必成司令员采纳，顺利攻克彭庄，歼灭了敌第一〇〇军。他因此被誉为"特别能打硬仗"的团长。

抗美援朝期间，颜伏同志率炮七师入朝参战。在粉碎敌"秋季攻势"中，他任战役炮兵司令员，统一指挥支援五圣山前沿作战的各配属炮兵部队，协同十二军、十五军粉碎敌人向上甘岭地区的疯狂进攻。"将在谋，兵在勇。"颜伏同志尊重科学，注重调查研究。他利用战斗间隙，组织学习，用以会代训、轮训等方式培训干部战士，有效提高了部队的战术水平。他要求机关干部到基层一线去，为部队解决实际问题，并带头深入连队，听取干部战士的意见和建议，有针对性地进行战场练兵。为确保每一次决策准确无误，他不住指挥所而是住在一线团队，经常冒着危险到前沿阵地观察敌情和地形，正确果断地指挥每一次战斗；他战前多次强调"以保证步兵的胜利为最高原则""要满足步兵的要求，密切步炮协同，保障作战胜利"。

在历时四十三天、举世闻名的上甘岭战役中，我军先后投入作战的炮兵部队有：炮兵第二师、第七师，火箭炮兵第二〇九团，第六十军炮兵团，以及抽调的地炮和高炮营连，共有山、野、榴炮一百一十四门、火箭炮二十四门和高射炮四十七门。颜伏同志指挥这些建制不同、炮种不一的庞大炮兵群，在整条战线上实施步炮密切协同，根据敌情变化及我军步兵请求，支援步兵实施反冲击四十三次，阻击敌人三十九次，袭击敌集结的有生力量六次，与敌炮战十六次，毁伤敌炮一百一十二门、坦克二十八辆，击落击伤敌机二百七十余架，摧毁地堡二百七十九个，击毙敌人达一万三千万多人，占歼敌总数的百分之五十八,百分之八十被敌占领的我军坑道是依靠强大的炮火夺回的。美军不得不承认:“战斗困难的主要原因，是因为中国的大炮发挥了惊人的作用。”《中国人民志愿军抗美援朝战争史》中写道:“此战火之密集，是第二次世界大战中我军所进行的最猛烈的炮战，在世界战争史上是罕见的。”时任十五军军长的秦基伟指出，战役中形成炮火优势，发挥炮火威力是取胜的关键。毛泽东主席在1952年12月上甘岭战役胜利后指出，我军取得如此胜利，除由于官兵勇敢、工事坚固、指挥得当、供应不缺外，炮火的猛烈和射击的准确实为制胜的要素，并称赞:“这是奇迹！”颜伏同志就是创造这一奇迹的组织者和指挥者，他被誉为我军炮兵名将是当之无愧的。

抗美援朝战争胜利后，颜伏同志调任山东军区炮兵司令员、济南军区炮兵司令员，为军队和社会主义建设呕心沥血，功勋卓著，1961年晋升少将军衔。他对工作认真负责，一丝不苟，具有强烈的革命事业心。他从不计较个人的名利得失，始终把党和人民的利益摆在首位，具有坚强的党性和组织纪律观念。他耿直爽朗，是位可亲可敬的长者。颜伏同志讲原则，重团结，和他一起工作的同志都倍感温馨。他虽是知识分子，但从没有瞧不起工农干部。他虽是一团一师之长，但向来同基层干部打成一片。他正直无私，对家属子女要求严格。他鼓励孩子们多吃苦，多锻炼；先成人，再成才。

颜伏同志对革命先烈和人民群众有着极深的感情。他为济南“英雄山革命烈士纪念塔”的开工复建起了很大的推动作用。他说:“活着的人不能忘记牺牲的先烈，忘记他们就是忘本。共产党人不能忘记老百姓，忘记老百姓就成了无水之鱼。”工作之余他常看望驻地生活困难的乡亲们。1965年冬的一天，在去仲宫镇于家洼村的路上，他看到放羊的马永贵大爷的鞋子前露脚趾后露脚跟，用很多线绳子捆着。他就有意识地和马大爷聊天，用手量鞋的大小，暗记心中。回家后立即按尺寸买来一双新鞋，第二天亲自送去。马大爷感动得咧着嘴笑，抹着泪哭，逢人便讲他穿上了司令鞋。消息传遍周边几个村，大家齐赞共产党的干部一心为民，是好样的。如今，羊倌与“司令鞋”的故事成了赞扬他和他所代表的共产党干部的一块丰碑，巍然屹立于人们的心中。直至离休后，人们仍能看到颜伏同志忙碌的身影及其身上所体现的革命军人的战友之情和公仆之心。

颜伏同志离开我们已十八个年头了，但他那高大魁梧的身影犹在，他那亲切和蔼的面容犹在，他那洪钟般的声音犹在，他那锐利坚定的眼神犹在，尤其是他那与隆隆炮声相伴的名将之威犹在。

（本文选自人民网，作于2013年）

“打不死的毛猴子”
——贺东生将军二三事

文／吴东峰

贺东生将军，国字脸，眯缝眼，中等身材。将军脾气急，办事敏，绰号“毛猴子”；虽身经百战，但未中一弹，真正“全身而退”。

1943年秋，日伪军出动万余人，对滨海根据地实施大“扫荡”，包围我山东大山根据地。为掩护政府机关和群众突围，贺东生将军率六团二连坚守大山葫芦形高地，以八十一人御数百名日伪军，浴血奋战一日，敌未进咫尺。贺东生将军夫人陈玲告余：次日上午，几个排均分散突围出来，唯独不见将军。其时大山四周日本“太阳旗”满山遍野，当地传说将军已阵亡，老百姓纷纷摆灵堂祭之。晚，将军竟与一警卫员押一日军俘虏回营，故人称其为“打不死的毛猴子”。

解放战争中打四平，贺东生将军率部冲锋，突然觉腰部被重锤一击，细检之，皮袄有一弹洞，十字形；继翻皮袄视之，一弹头嵌于皮肤表层，将军以手抠出，弃之。贺东生将军作战，常遇奇险而获救，置之死地而后生。故每战后，林彪必询问：“查一查，毛猴子在哪里？”罗荣桓见将军必戏言：“你这个毛猴子，怎么还活着啊！”

贺东生将军喜怒哀乐常形于外，喜则帽檐上翘，天庭发光；怒则帽檐下压，满脸雷霆一触即发。故部属欲见将军必先问警卫员：“首长帽檐在何处？”如答“后脑勺”，即见之；如答“眼皮上”，则溜之。

贺东生

某年某月，东野一纵二师奉命三下江南。纵队部署任务时命二师为二梯队，时任二师师长的贺东生将军不悦，帽檐一压，召团以上干部开会，曰："伙计们，咱们是二梯队！叫打就打，叫停就停！一切行动听指挥嘛，不要有什么情绪，心里有数就行。得啦，散会！"部队过松花江后，将军突然转怒为喜，精神振奋，指挥四团、五团、六团组成"品"字形，拉网前进。是役，二师缴获大大，将军帽檐翘得高高。

1945年初夏，贺东生将军率六团参加讨张（即张步云）战役，势如破竹，风卷残云。其时，正值雨天，将军不慎从马上跌落，右脚摔伤，无法行动。政委吴岱劝其到医院治疗，将军谢绝，嘱士兵用担架抬其前行，继续指挥战斗，连克门各庄、石门等五个据点，解放诸城、高密、胶县之间地区，面积达一千三百余平方公里。是年10月，二师初出关即奉命赴锦西作战。经新民马三家子车站，见一车皮满载军火被服，苏军与冀东部队看守。二师师长罗华生上前商量："都是八路，支援点，好吗？"对方答曰："谁也不能动。"时任副师长的贺东生将军灵机一动，暗嘱后勤部部长物色豪饮者，摆酒宴以邀苏军。是时陪酒者跷拇指，曰："斯大林，斯大林！"苏军大喜，亦跷拇指曰："毛泽东，毛泽东！"将军则乘苏军酩酊大醉之际，派人运走一批弹药。

贺东生将军重视实战而轻视练兵。将军言："队列没有对的，战术不是吹的。能不能打仗，不是在操场上学的，而是在战斗中学的。"又曰："什么训练不训练，到了战场上，敌人一梭子机枪子弹就把你教会了。"

1992年3月30日，余于湖南长沙访贺东生将军，问："首长是三十八军战将？"答："不敢，不敢。打仗第一靠中央的正确指挥；第二靠全体指战员的勇敢；第三靠人民群众的支持。"

中华人民共和国成立后，贺东生将军调武汉任中南军政大学副教育长、副校长。

（本文选自《北京日报》，作者系广州市文联原副主席）

红军高级将领邓萍二三事

文／刘海锋

邓 萍

邓萍，1908年生于四川省富顺县，1926年考入黄埔军校武汉分校（亦称武汉中央军事政治学院），在校期间加入中国共产党。曾参加领导著名的平江起义，长期担任红五军参谋长、红三军团参谋长，兼任过红五军军长，一度出任中央红军军事政治学校教育长。参加过五次反“围剿”和长沙战役、赣州战役，以及惨烈的广昌保卫战、湘江之战。邓萍在中央苏区协助彭德怀指挥红三军团与国民党军进行了英勇顽强的战斗，自1927年冬邓萍结识彭德怀后，二人就一直朝夕相处，并肩战斗达七年之久，结下了深厚的战友之情。

全局着眼

1930年6月，红五军扩编为红三军团，彭德怀任军团长，滕代远任政委，邓萍任参谋长兼红五军军长。8月23日，一军团、三军团在湖南浏阳会师，组建成“中国工农红军第一方面军”，红三军团仍然是彭德怀任军团长，邓萍任参谋长。之后，二人携手并肩，率部参加了多次著名战役。

10月，蒋介石开始策划对红一方面军进行第一次“围剿”。11月1日，武汉行营命令敌第九路军由江西上高、高安、丰城、樟树一线，第十九路军由湘东入赣，“分进合击”，企图消灭红军于袁水流域。

根据敌情，红一方面军提出了“诱敌深入、东渡赣江”的作战方针。当时，红三军团部分干部战士对诱敌深入的战略方针认识不足，主张红三军团不过赣江，同红一方面军夹江而阵，或重新回到湘鄂赣根据地去作战。针对这种错误认识，邓萍认真细致地做思想工作。邓萍指出：三军团不过江，一、三两军团夹江而阵，造成兵力分散，对粉碎敌人进攻不利。他强调，红军的战略要从全局着眼，在大敌压境的情况下，红三军团不宜返回湘鄂赣根据地。并反复指出，“诱敌深入、东渡赣江”，集中兵力，对粉碎敌军的“围剿”，具有重大战略意义。听了邓萍的耐心动员，干部战士们迅速统一了认识。11月中旬，红三军团全部渡过赣江，与红一军团并肩作战。12月30日至第二年1月3日，邓萍协助彭德怀指挥红三军团，同红一军团和兄弟部队，参加了龙岗战斗和东韶战斗，共歼敌一万五千人，缴获各种武器一万两千多件，活捉了敌师长张辉瓒，取得了第一次反“围剿”胜利。

“红埔”教育

1931年10月上旬，红一方面军总部通知红五军军长邓萍和红八军军长何长工到红军总部报到。

在江西省宁都县小布村，总前委书记、总政治委员毛泽东亲切地握着两人的手，风趣地说：“你们猜猜这次请你们来有什么要事？”邓萍说：“要不就是我们两个军的训练和整顿的事？”毛泽东却说：“今天是专门‘撤’你们两个军长的‘职’的，天将降大任于斯人焉，你们又有重任。”毛泽东还谈道：“红一方面军，连续粉碎了敌人三次‘围剿’后，中央苏区和其他根据地得到巩固和发展。战争已由游击战向运动战转变，需要大批干部。现在乘战争间隙这个有利时机，加强军队干部的培训工作，以应付越来越复杂的斗争。因此，打算在中央苏区建立一所正规的红军学校，准备调两个军长，四个师长，十几个团长、政委来办这个学校，造就红军自身治军建军带兵打仗的人才。”毛泽东认为，国共合作北伐时有黄埔，现在要办一个“红埔”。邓萍、何长工听后愉快地接受了这一重任。邓萍被任命为中央军事政治学校副总队长兼教育长。

同年冬，红军中央军事政治学校在江西瑞金县城东谢民宗祀开学。“红埔”共办六期，每期学员一千多人。邓萍此前曾任红三军团随营学校校长，有较丰富的办学经验。在“红埔”期间，邓萍充分展示了自己的办学才能，为学校初创时的各项建设，为培养红军优秀军事干部作出了重要贡献。1932年3月上旬，邓萍奉命调回红三军团，中革军委任命邓萍为红三军团参谋长兼红五军军长。

牺牲前后

由于博古、李德“左”倾教条主义的错误指挥，中央苏区第五次反“围剿”失败。中共中央和中央红军不得不进行战略转移。1934年10月，红一方面军开始长征。邓萍协助彭德怀指挥红三军团，担任右路前卫，负责掩护中央机关和中央红军主力实施转移。

遵义会议后，红三军团按照中革军委的部署，撤出遵义地区，一渡赤水，进入四川古蔺、叙永。接着，挥师东进，二渡赤水，进抵娄山关下。这时，贵州军阀王家烈率四个团的兵力控制了娄山关至遵义一线，妄图阻拦红军回师遵义。邓萍指挥红三军团先头部队向娄山关发起冲击。他亲临部队前沿阵地，一边指挥作战，一边随部队冲锋。就这样，红三军团势如破竹，一鼓作气抢占了遵义新城及城边村落。

遵义城当时分为新城和老城。新城在东，没有城墙；老城在西，有内外城墙，以一条河流为分界线。1935年2月26日清晨，为了攻占老城，夺取遵义战役的全面胜利，邓萍主动向彭德怀要求，跟随担任前卫任务的红十一团行动，以确保再次攻占遵义的胜利。27日黄昏，邓萍与红十一团团长张爱萍、团参谋长蓝国清冒着敌人的枪林弹雨，率领部队前进到遵义老城北门外的前沿阵地。先把部队安置好后，三人隐蔽在距护城河五十米远一个小土坡的草丛里，他们要寻找一条便于部队向前运动的路线，以便夜幕降临时发起总攻。蓝国清曾建议转移，邓萍没有同意，说这里便于观察。这时一个小通信员从后面摸上来，邓萍对他交代了一句，那个小战士就趁着薄暮飞身跑回，这一下，把他们三个给暴露了。一排子弹扫过来，邓萍壮烈牺牲，年仅二十七岁。

中华人民共和国成立后，在当地群众的帮助下，人民政府重新找到了邓萍烈士的遗骸，迁葬在青松覆盖、绿水环绕的凤凰山上。彭德怀亲自修订了邓萍的简历，张爱萍亲笔为邓萍烈士撰写了墓志铭。

（本文选自《人民政协报》）

红军烈士陵园内邓萍雕塑

最后一滴血

文／叶　新

“大队长，打手榴弹！我受不了啦！”这嘶哑的声音震撼着整个山崖，那么凄凉，又那么悲壮！河北游击大队三小队队副李贵祥在打伏击时，腿部受伤被日本兵抓了去。日本人被游击队打怕了，五花大绑着李贵祥，让他走在前面，四五十个日本兵和一小队汉奸远远地跟在后面，找游击队实施报复。

李贵祥是东北人，1938年年初带着四名东北军的战士参加了河北游击大队。他自称是东北军王以哲属下的一个排长。七七事变后，因不愿退往西安，带了几个人开了小差，独立与日本人干上了。辗转多时，来到涞水县，经人指点参加了河北游击大队。他说，七七事变后，日本人杀了他的妻子、女儿，吊死了他年迈的老母亲，并说他是东北军中的地下共产党员。因开小差，与东北军中的党组织失去了联系。对此，大队长和大队政委暂时无法考证，只能鼓励其重新入党！他本人也知道大队战士对他的话半信半疑，所以平时很少说话。每当党小组开会时，他会沉闷地边喝酒，边流泪自语：“我是共产党员呀！”但他打仗时很勇猛，像是在拼命。大队政委和他谈过多次话，并教导他注意保存自己，不断扩大队伍。

1942年的初春，河北保定涞水县的山沟里仍然很冷。李贵祥打着赤脚，右腿上的伤口没有得到很好的处理，往外冒着殷红的鲜血。他显然是遭受了日本人的严刑拷打，遍体鳞伤。他一步一个血脚印踩在山沟间的碎石上，艰难地往前挪着，稍一停顿，就会遭到日本兵枪托的重击。

“老叶！再不打手榴弹，老子就会

领日本人找到你！你也同样受受老子的罪。”日军的翻译很显然没有照实翻译，个别伪军在偷偷抹泪。涞水山区地形独特，怪石林立。“对面能说话，相遇得半年”，在抗击日军的战争中，是一个打游击的好地方。山上，回来寻找李贵祥的大队长老叶紧握着驳壳枪，驳壳枪大张着机头。他握枪的手心里冒出了汗珠，嘴角瑟瑟发抖，同三名游击队战士一起密切地注视着山下，身旁放着一捆捆揭开了盖的手榴弹。

李贵祥要带敌人找到他们太容易了。他十分熟悉游击队的活动规律和活动地点，也知道山下村庄里的交通点和掩藏弹药的地方——游击队在山上各主要路口都埋藏有武器弹药，以便随打随用。不过他领敌人走的山沟是一个“死胡同”，根本上不了山！

“老叶，你死了吗！快打手榴弹！”“啊——”一声惨叫，日本人往李贵祥肩膀上捅了一刺刀。翻译把话译给了日本人。有一个军曹模样的家伙走上前来打李贵祥的耳光。三个战士端起枪要绕道冲下去拼了，大队长拦住了他们。他何尝不想下去救出李贵祥，但他知道这样做正中了敌人的下怀。在这一瞬间，李贵祥张嘴咬住了这个家伙的手指，同时提起伤腿，用膝盖死命向他的裆部顶去，顿时疼得那个日本军曹嗷嗷直叫。很难想象，一个遍体鳞伤的人竟有这么大的力气。这时，日本人的三把刺刀同时插进了李贵祥的两侧和后背，鲜血涌了出来，后面的日本兵朝李贵祥开了十几枪。

“砰！”大队长的枪响了，被李贵祥咬住手指的日本兵应声倒下。“打手榴弹，为李贵祥报仇！”“轰，轰！”几声巨响，敌人扔下十几具尸体，急调头退了下去，也不见了英雄李贵祥的踪影。日本人支起了步兵炮朝山上猛烈轰击。大队长老叶和三个战士含泪撤走了。几天来，未见村内的交通点和山上的弹药隐蔽点遭到破坏……

当年的大队长老叶一直没有机会再去涞水山区，直到1978年去世，成为终身憾事。但他却留下了这个不朽的故事。他活着的时候，每当与人说完这个故事后，常喃喃自语道：“他是一个真正的共产党员！”

（本文根据老红军叶富轩同志回忆整理）

忆念乡贤王一飞烈士

文/赵　畅

王一飞，原名燕鹏，1898年出生于浙江上虞县城（丰惠）一个贫苦的知识分子家庭。1920年，王一飞在上海经友人介绍，于秋天进入外国语学社学习。在这里，他掌握了马克思主义的基础知识和基本原理，还掌握了俄语，并结识了刘少奇、任弼时、罗觉（亦农）等人。同年底，他加入了中国社会主义青年团，从此踏上了革命历程。

1921年6月，王一飞进入莫斯科东方劳动者共产主义大学（简称东方大学）学习。王一飞不仅认真学习各门功课，还担任了《政治经济学》《俄国共产党历史》两门课程的课堂翻译工作。同时，利用课余时间，他还翻译了《共产国际党纲草案》《政治经济学浅说》等书。

1922年春，王一飞由中国社会主义青年团团员转为中国共产党党员。两年后，王一飞以中国共产党列席代表的身份参加了在莫斯科召开的共产国际第五次代表大会，并担任中共代表的翻译。为了培养我党军事方面的领导骨干，党组织又选派他和聂荣臻到苏联红军学校中国班学习。

因国内革命斗争形势的需要，共产国际做出重要决定：安排中国班学员分批回国参加革命工作。王一飞与叶挺、聂荣臻等回到上海。根据组织安排，他先行负责筹建中共中央军事部事宜，不久又被任命为上海区委书记，负责上海和浙江两省的党务工作。

在上海工作的这段时间，王一飞与陆缀雯结婚。新婚仅一个月，王一飞即

王一飞

受中共中央委派沿长江流域视察工作。王一飞对妻子说："我们的生活是奋斗的，在动的状态中，如庸夫庸妇之终老牖下，寸步不出雷池者，不可能，亦不愿！如此辗转一想，倒觉得分离是我俩经常的生活，同居却是偶然的幸遇！"

当时军事部的主要任务是通过担任各级政治工作的共产党员，加强国民革命军的政治工作，以扩大我党的影响；在旧军队中培养新生力量，派人到旧军队中做政治宣传。其时，中央军事部的筹建，可以说是白手起家，从人员到设备，一切都要从零开始。王一飞一边忙于筹建工作，一边又奔走于上海、长沙、汉口之间，联络南方各军队中担任政治工作的共产党员，为接应国民革命军北上长江流域做了大量协调工作。

北伐战争开始后，组织上决定派遣王一飞为中共中央军事特派员，前往江西视察。中共中央还委托他与苏联军事顾问加仑将军联系，商议进击军阀孙传芳的策略。在随同加仑将军视察江西的军事情况后，他向中共中央写了报告，如实反映了江西战场的详细情况，并对北伐军继续进军的方针和部署提出了建议。与此同时，他还对北伐军中存在的官僚主义作风提出严肃批评，揭露了蒋介石对共产党人的疑忌和戒备。蒋介石为拉拢王一飞，示意要授其中将军衔。王一飞表示："在党内工作已享有自己的薪水，不需要什么中将军衔。"

1927年1月初，王一飞回到上海后，在周恩来的领导下，紧张地投身于组织上海工人第三次武装起义的准备工作。2月9日那天，妻子即将分娩，王一飞在安慰妻子以后迅速赶赴会议。3月21日，王一飞作为南市区起义总指挥，与周恩来等一起成功领导了上海工人第三次武装起义。

随着蒋介石悍然发动了四一二反革命政变，4月27日，中共在武汉召开了

王一飞

第五次全国代表大会，王一飞当选为中央委员。5月上旬，中共军事部机关也随中共中央从上海迁至武汉。不久，汪精卫又在武汉发动了七一五反革命政变。王一飞与妻子商量，拟将儿子带回上虞。陆缀雯曾回忆说：“当时，我的身体很差，骨瘦如柴，小孩也瘦得很，想回到上虞以后雇个奶妈把孩子养好，即便我们都牺牲了，孩子总还在。”

8月7日，中共中央在汉口召开八七会议，王一飞以军事部代表身份参加了会议。临时中央政治局第一次会议决定，在周恩来率南昌起义部队南下广东期间，由王一飞代理主持军事部工作。

10月中旬，党中央派王一飞和长江局书记罗亦农前往长沙，负责改组中共湖南省委，并任命王一飞为中共湖南省委书记。湖南，其时刚刚经历了马日事变和秋收暴动的两次失败，革命处于低潮。曾与王一飞在一起工作的刘英回忆说：“在准备‘灰日暴动’的日子里，一飞同志亲自积极组织联系，到处奔忙，辛苦万分，但他精神饱满，意气风发，并经常不断地鼓励我们。不料，时机不密，未到暴动之时，就被敌人发觉，在敌人森严的警卫下，暴动未能实现。以后白色恐怖更加厉害，敌人大肆搜捕，残酷镇压。组织遭破坏，许多同志的住处被搜查，有的同志被捕而牺牲。一飞同志是外省人，口音不同，更容易引起敌探注意，不久终于被捕。我们听到这一消息，都心急如焚，也曾千方百计设法营救。先是派同志探监，当时正是严冬腊月，见一飞同志穿得很单薄，就对他说，‘下次我们给你送棉被和衣服来。’他再三拒绝说：“我不需要什么，再不要来看我了。”一飞同志在敌人的魔掌下，自知绝无生还的可能，因此不愿给同志们带来牵累。”

王一飞到湖南不久，就与妻子商量把孩子从上虞接到湖南去，这样既能让全家团圆，同时更有利于掩护我党地下工作的开展。党组织派遣同志接陆缀雯一起到湖南去，但到了汉口，已经得到起义失败、王一飞被捕的消息。1928年1月18日，王一飞英勇就义，牺牲时年仅二十九岁。王一飞牺牲后，没有留下任何财产，只给妻子留下两人的合影相片和两人往来的五十一封书信。

（本文选自人民政协网）

邱少云入团的故事

文／何吉涛　陈银德　喻　娟

邱少云

抗美援朝时期，边宝山任志愿军第十五军二十九师青年科科长，邱少云是该师八十七团九连战士。

一次，边宝山到九连检查工作。连长程子英向他反映一个关于超龄青年入团的问题。原来，他们连的战士邱少云因为超过二十五周岁，正为入团的事发愁。按规定，二十五周岁以下的青年方可申请入团。邱少云想争取一下，向连长程子英（兼任连队团支部书记）递交了入团申请书，并如实汇报了自己的年龄。程子英一时对能否吸收邱少云入团拿不定主意，就把这件事搁下了。

听了程子英的介绍，边宝山问："你能不能说得具体一点，超了几岁？"程子英从包里拿出邱少云的申请书。边宝山一看，就超了几个月，这也说明邱少云人很实在。他对程子英说："邱少云这个情况，可以灵活掌握。一个青年虽然超龄了，但他要求入团的愿望很迫切，这样的青年吸收到团内能更好地发挥作用。"在上甘岭战役反击391高地的战斗前夕，连长程子英接到邱少云的第二份入团申请书。这次程子英与团支委一商量，很快就批准了邱少云的入团申请，并在团支部大会上予以宣布，全体团员鼓掌表示欢迎。邱少云表示："我要在团支部的教育培养下，取得更大的进步，将来争取加入中国共产党，请组织上在这次战斗中看我的表现吧！"

接着，邱少云随部队执行潜伏任务。在潜伏过程中，敌人发射燃烧弹，邱少云不幸全身被火焰引燃。为了不暴露目标，他始终趴在地上，纹丝不动，直至光荣牺牲，用年轻的生命换取了整个战斗的胜利。

邱少云牺牲后，被追认为模范共青团员和中国共产党正式党员，被追授"一级战斗英雄"荣誉称号。

（本文选自《解放军报》）

边宝山向大家介绍英雄邱少云的事迹

一位被誉为“模范干部”的浙东英烈

文/赵 畅

抗战期间，战斗在浙东的新四军中，涌现出一位被上级领导誉为“模范干部”的基层指挥员。这位干部名叫观杰。1943年7月，他被新四军浙东游击纵队司令部命名为“模范干部”后，1944年8月13日，其所率第七中队又被命名为“观杰中队”。解放战争中，观杰中队改编为解放军二十军一〇四师观杰连，师部还专门设立了观杰中队展览馆，旨在弘扬观杰精神。

观杰，原名石永仙。1921年3月出生于浙江省上虞县章镇任叶村。早年在村私塾学校读书，小学毕业后考入江南名校春晖中学读书。全面抗战爆发后，观杰参加了新四军，先后任军部见习参谋、教育副官。因为工作勤勉不懈、精益求精，他五次获得嘉奖。

因为战功卓著，1942年年底，观杰被调到浙东三北游击司令部当教育副官，负责新兵的军事训练工作。除了结合自己在皖南、苏北的军事实践经历，联系四明山区的特点对战士进行严格训练外，他更向战士们强调四点：一是敌情观念不能丢；二是要牢记“平时多流汗，战时少流血”这一从战场上得来的经验教训；三是必须自觉服从命令；四是务必增强团队意识。“要求战士做到的，自己先做到；要求战士不做的，自己带头不做”，他负责的军训工作，多次得到领导的夸奖。

次年夏天，观杰调任浙东三北游击司令部特务大队一中队队长。11月，浙东第二次反击国民党顽军的自卫战争爆发。国民党集中三万兵力，叫嚣着要在三个月内一举消灭浙东三北抗日部队。11月19日，国民党顽军“挺三”“挺五”纵队向浙东三北抗日部队蜻蜓岗阵地发动猛烈进攻。尽管是与其他部队官兵在一起战斗，但观杰所率中队却正面遭遇敌人。见来敌气势汹汹，观杰镇定自若，沉着应战。只见他一边嘱咐三排迂回到敌人的后面去，打他个出其不意、攻其不备，一边则指挥部队正面阻击敌人。待到迂回的战士一就位，他立即让司号手吹冲锋号。于是，一下被弄蒙了头的敌军纷纷丢盔卸甲、落荒而逃。

见敌军常常来袭，浙东游击纵队司令部决定调整战略战术，变被动为主动，进行外线出击。于是，奔袭上虞章家埠“挺五”张俊升部的命令开始下达，而担任前锋的艰巨任务则落到了观杰中队。领受任务后，中队马不停蹄，冒雨向姜山制高点进发。让躲在碉堡里的敌人压根儿没有想到的是，远在百里外的新四军此时此刻恍如天降神兵，转眼间就将他们围成了瓮中之鳖。“碉堡里的人给我听好了，我是观杰，你们已被我们中队包围，我们的政策是缴枪不杀。否则，伺候你们的就是手榴弹和机枪。”一听到观杰的名字，敌人竟瑟瑟发抖。见大势

已去，敌人只好乖乖地抱头从碉堡里走出来。占领了制高点，后续部队便势如破竹，长驱直入章镇，并令大批顽军纷纷缴枪投降。

1944年初，正当观杰所在的一中队改编为新四军浙东游击纵队五支队七中队不久，国民党顽军派遣三千余人，突然包围了浙东游击纵队司令部驻地茭湖。情况十分危急，观杰闻讯后，立即找到纵队首长，强烈要求承担阻击任务。拗不过观杰的牛脾气，纵队首长终于同意将这一艰巨任务再次下达给第七中队。

部队和机关刚刚离开，七中队便与顽军交上了火。让观杰担心的是，此时顽军抢占了附近的一个制高点，如果不把它端掉，后续的顽军在制高点掩护下会排山倒海地向我军发起进攻，这样就极有可能完不成阻击任务。于是，借着夜幕，他一边指挥部队正面阻击顽军的进攻，一边指示部分战士分三路去包抄制高点。经过几次激烈的较量，部队终于拿下了制高点。之后，大家集中火力打退了顽军的一次又一次进攻，从而为掩护部队和机关撤退赢得了时间。

转眼到了1944年7月下旬，这是一个农忙季节。然而，汪精卫伪中央税警团此时正在酝酿调集部队占领慈溪东埠头抢夺地里夏收果实的阴谋。7月31日凌晨，伪税警团教导第一总队集中了七个连的兵力，在伪中警总队长的指挥下，分两路向东埠头进犯。可让敌军始料未及的是，观杰的七中队此时早已严阵以待。一交火，中队就打退了敌人的进攻。可敌军哪儿肯罢休，他们组织了多次猛烈进攻，但都被神勇的七中队打了回去。纵队首长见七中队已经坚持了很长时间，欲以其他部队替换，观杰无论如何不同意。“知己知彼，百战不殆。我们对敌军的脾性了如指掌，我们制定的反击策略已经明显奏效。首长，不必再另起炉灶了，就让我们继续打下去吧，胜利必然属于我们！”纵队首长听罢请求，虽应在嘴上却不免“疼”在心里。

战斗依然激烈，并呈现出拉锯式的状况。有鉴于此，下午4时左右，纵队首长命令七中队实施正面突破。观杰此前早已观察到了可以实施正面突破的有利条件——一个个散落在地上的坟包。他一边告诉战士们利用坟包逼近敌人，一边率先给战士们做样子。就这样，七中队一下就把敌军逼到了五神堂前。所谓“五神堂”，其实只是一座小庙。然而，观杰发现，庙前横着一条河，河上架着一座石板桥，敌军正据此有利地形用多挺机枪把守。“必须先解决这些机枪，扫清通往石桥的道路。”他边说边带领突击班的战士，泅渡到了对岸。趁敌军不注意，大家一齐甩出手榴弹，一下就让敌军的几挺机枪成了“哑巴”。于是，七中队迅速包围了五神堂。可敌人依然负隅顽抗，子弹不时地通过五神堂的门窗向外射出。就在此时，一颗罪恶的子弹射中了正在前线指挥的观杰，他永远闭上了眼睛。在“为中队长报仇”口号的感召下，战士们很快就攻下了五神堂，夺下了敌军的前沿阵地。不久，在兄弟部队的一起努力下，人们彻底打胜了这一场保卫夏收果实的战斗。

“模范干部”观杰走了，可他的精神犹在，且被编成赞歌在浙东纵队和浙东人民中广泛传唱：“观杰同志真英勇，身先士卒带头冲。完成任务不怕死，留下英名千古颂……”

（本文选自中国共产党新闻网）

红军唯一女师长张琴秋的故事

文／徐　焰

女中英豪，琴秋名扬。
巾帼标芳，疆场生光。
红星添艳，赤帜飙扬。
琴秋昔日，秀色一方。
戎衣几载，尤胜红妆。
千闺奋命，挞伐用张。
祁连戈壁，气贯穹苍。
壮怀烈烈，英气堂堂。
刚折棠悴，呜呼哀伤。
吁嗟女将，勋著旗常。
巴山有幸，长念元良。

在中国共产党领导的革命斗争中，曾涌现出无数巾帼英雄，在当年工农红军的战斗行列中也有不少女战士。有过留学经历的张琴秋，却是红军历史上唯一的女性将领。她在革命战争及和平建设时期都有出色的业绩，是我党第一代革命新女性中的突出代表。

她是中国共产党第一代女党员，留学莫斯科五年回国，先后成为红军中唯一的方面军女政治部主任、唯一的女师长，中华人民共和国成立后又是共和国第一代女部长。

张琴秋，原名张梧，1904年生于浙江桐乡一个商贩之家。父母亲节衣缩食，供她上了本县女子小学，后来他又考入浙江省立女子师范学校。在校内，她受五四运动的影响，参加学生游行并带头剪发。1923年，她进入上海爱国女校文科班，因容貌秀美而成为引人注目的人物。

在爱国女校，张琴秋通过与自己同班的沈雁冰（即著名作家茅盾）的妻子，认识了沈雁冰的弟弟沈泽民，翌年由他介绍考入上海大学。两人相爱后，张琴秋在沈泽民的引导下加入了社会主义青年团，随后与杨之华（瞿秋白之妻）、王一知（张太雷之妻）、王会悟（李达之妻）一起，在向警予的领导下办起了平民女校。1925年冬，张琴秋同丈夫沈泽民等人秘密搭上一条苏联运煤船，赴莫斯科进入中山大学。1930年，她把刚生下的女儿玛娅安顿在国际儿童院，潜回上海。翌年，夫妻二人进入鄂豫皖苏区。

英姿飒爽的红军女将领张琴秋

张琴秋先任军校政治部主任，1932年夏国民党军重兵“围剿”时，又担任了根据地第一位女县委书记。红四方面军主力突围西进，张琴秋改任师政治部主任并随军出发。丈夫沈泽民作为鄂豫皖省委书记留下坚持游击斗争，于翌年牺牲。

到达川陕边区后，红四方面军重建根据地，张琴秋任红四方面军总政治部主任。后来，她因反对张国焘的错误路线，遭受打击报复，被调任总医院政治部主任。在那里，她除了指挥战斗，还主持了一些建设项目，如今仍留存的四川省通江县的烈士陵园，其图案便是由她当年设计的。1935年初，红军在川东北建立了历史上建制最大的妇女部队——红四方面军妇女独立师，由她任师长。长征途中，张琴秋改任川陕省委妇女部长。其后，她在西路军任组织部部长。部队失败时，她因产后身体虚弱被俘。

全面抗战爆发后，经周恩来向国民党点名交涉，张琴秋被释放回延安。后来她又担任抗日军政大学女生大队队长、女子大学教育长。解放战争期间，张琴秋在中央妇委长期担任秘书长，1948年曾与蔡畅一同率解放区妇女代表团赴东欧和苏联，在国际上宣传中国的妇女革命。中华人民共和国成立后，她长期担任纺织工业部副部长，分管女工工作。

漂亮夫人文武双全

张琴秋化装刚刚潜入鄂豫皖根据地时，同志们都说沈泽民带来一位漂亮的夫人，大家对这个洋学生出身的女人能否当好军校政治部主任还有怀疑。不过张琴秋第一次出场，就给普遍出身于农民的干部学员留下了突出印象。早操集合时，她身着灰军装扎着绑腿，英姿飒

晚年的张琴秋

张琴秋与沈泽民结婚照

少女时期的张琴秋（前排左一）

爽地出现在彭杨军校的操场上，以非常标准的军人姿态和响亮的口令使大家感到惊叹。进行政治动员时，她丰富的政治理论知识和雄辩的口才更令人信服。原来，张琴秋在莫斯科中山大学时便预见到回国可能带兵，她不仅在校内的队列训练中非常认真，还同男人一样在夏季去搞野战演练，从摸爬滚打一直学到连、营、团的战术指挥。

这位二十七岁的女政治部主任，还显示出了文武全才。张琴秋组织宣传队时，亲自教姑娘们跳苏联海军舞、乌克兰舞。到了川陕后，她又组建了四方面军剧团，给大都是童养媳出身的演员们上文化课，并编写剧本。在带剧团慰问部队和伤病员时，张琴秋自己也登台演出。

在延安时的张琴秋

率五百名农妇灭掉川军一个团

1933年，川陕苏区反“围攻”时，一次，川军一个团从小路包抄到四方面军总医院附近。当时，张琴秋身边只有地方武装妇女赤卫营五百人和医院保卫科的几十名男同志。她沉着地根据高山峡谷的地形安排了一个包围阵，待敌军进入山谷后突然卡住两头，然后她带领身边的人进行喊话宣传，说明红军是穷人的队伍。敌军进退不得，平时受军阀欺压的士兵又听到这些前所未闻的宣传，都停止开枪倾听喊话。恼怒的敌团长以手提机枪扫射不肯开枪和前进的士兵，使得士兵反戈相向。张琴秋乘敌内乱，率领妇女赤卫营冲下去，将全团敌军缴械。此事很快在全川传扬，《蜀笑通讯》和《中国论坛》都登载了“五百农妇缴一团”的奇闻。国民党的一些报纸还把张琴秋说成“精通五国文字”“能文能武，不下马可以写文章”的能人。

临近分娩仍坚持指挥作战

红军的西路军向新疆远征途中，张琴秋已临近分娩，但仍在担架上指挥总部机关作战。在马匪骑兵的包围中，孩子出生在戈壁滩上，她也因产后失血过多而昏迷。一个成长于上海，又留过学的妇女，能在西北大漠经历如此的磨难，需要有何等坚强的意志！

（本文选自《北京青年报》，有删节）

“四老”鼓励我过雪山

口述／钟珠瑞　整理／李永利　张　芳

我1933年参加红军，1934年11月调到“红星”总队中央干部休养连，被分配到董必武身边当勤务员。我这一辈子最难忘的就是在长征途中，被同志们称为“四老”的董必武、徐特立、谢觉哉、成仿吾等老前辈鼓励我过雪山的情形。

1935年6月，红军辗转来到夹金山脚下。按照上级要求，部队要休整几天，进行翻越雪山的准备。当地老百姓得知红军要过雪山，告诉我们说：“山上有神，很凶！左手一挥下冰雹，右手一挥刮大风。6月至8月山神爱打瞌睡，别说话，悄悄地也能过去。山神也爱喝酒，吃生姜、辣椒……”大家听了也搞不清怎么回事。董老就用科学的道理给红军战士解释：“雪山上空气稀薄氧气不足，人会呼吸困难、体力下降，因此不能久留，要尽快通过。雪山上的雪常年不化，结构松散，大声叫喊会造成声波振动，有时会引起雪崩。烧酒、生姜、辣椒这些东西能促进人的血液循环，增加体内热量。6月至8月气温较高，过雪山危险性相对小一些。”董老把手一挥，接着说：“没有什么山神，我们红军战士什么困难都能克服！”经董老这么一讲，大家都增强了信心。

经过几天准备，部队开始向雪山进发。雪山脚下有一条羊肠小道，旁边是雪水融化后形成的一条冰河，河面有一米多宽，一跃就可以跳过去。我拉着董老的马走在前面，董老跟在后面。到了河边，我往对岸一跳，马被缰绳一拽，头一仰，把我往回拉，结果我脚下踩空，从塌方的地方滚到冰河里，被冲向下游。我在水里拼命挣扎，被河水冲出去五六十米，被一棵倒在河里的大树拦住。我死死抱住树干。这时董老和其他同志都赶过来了，慌乱中一时也想不到营救的办法。在我命悬一线的时候，恰逢毛主席担架队的同志过来了，三个担架队员手拉手，把我从河里拉了上来。我的身上被河底的鹅卵石碰得青一块紫一块，因为连惊带冷，我筛糠般地坐在地上起不来。董老把我慢慢地扶上马，继续往前走。越往山上走，雪下得越大。我冻得发抖，实在坚持不住了，哭着对董老说：“你们别管我，先走吧！”董老鼓励我：“再坚持一下！下了山就好了。”说着，董老把背着的暖水壶取下来，倒了一碗热水给我喝。这时徐特立、谢觉哉、成仿吾几位前辈都过来了。成仿吾从口袋里摸出万金油，用手指挖了一小块给我，叫我往腿上擦抹。谢老从怀里摸出一小块生姜塞到我嘴里。徐老也摸出一根干辣椒叫我吃下去。这些东西很快就起了作用，我身上渐渐有了热气。董老鼓励我说：“好了，你就跟着我们革命到底吧！”就这样，我跟着队伍翻过了雪山。

当时，如果不是“四老”的关心和照顾，我过不了雪山，可能就永远留在雪山上了。这一幕，我终生难忘。

（本文选自《解放军报》）

难忘的第一课

文／王于耕

1939年春，我被编入新四军战地服务团三队，在朱克靖团长率领下，随同叶挺军长、邓子恢主任等领导同志到皖北地区工作了半年。这是一次难忘的行程，使我获得了很多的锻炼。特别是邓子恢同志把我调去做民运工作，它在我生命中，开始了新的一课。

邓子恢同志是我党有名的农村工作专家，著名的农民领袖。他是个大知识分子，日本留学生。可在当时我们并不清楚他的这些情况，只在接触中，感到这位军首长淳朴敦厚，和蔼可亲，容易接近。表面上看，他像个农民老干部，没有任何知识分子的架子。在皖南军部，他亲自领导服务团二百来名团员组成的一支庞大的群众工作队伍。他们分散在军部周围数县，后来不少人成了出色的地方干部或骨干。这次到皖北，他带的干部不多，我是幸运者，首先被他选中，放在江北指挥部驻地临近的一个乡里。

当时，我忐忑不安。我是一个来自城市的学生，对社会简直是一无所知。入伍虽已近两年，也只会做点宣传工作，还随时暴露着自己的幼稚。当我到邓子恢同志住处报到时，我惶恐羞怯，脸都红了，嚅嚅地说着："我行吗？"邓子恢同志哈哈地笑着，他常常是这样哈哈地笑，他拉起我的手，一面按我坐下，一面说着："行，你一定能行，做群众工作，你学得会。"

我坐着听他的交代。先干什么，当然是社会调查。他口述调查提纲，我低

邓子恢

头记录，要我们先到离指挥部五六里路的一个乡去。我站起来，他又着重交代：“最根本的是去了解农民的米缸。对！记着是米缸！农民有饭吃吗？养猪吗？院子里有鸡吗？别看这是小事，关系到他一家老小。你想想，养鸡生蛋，妇女就有了针线，结婚时，走亲戚时，买个耳环戴上，小孩子买本书读读。要关心农民！”

我至今还大致记得这张社会调查提纲，从阶级划分到阶级压迫和剥削，农民的觉醒和组织，而关系农民切身的大事就是米缸和家畜家禽的饲养！这才叫“关心农民”，我记住了！小农经济时代是这样，减租减息和土改时也是这样，建设时期，何尝不需要去关心这些切身的事儿呢？共产党的一切伟大的政治家和一切普通干部都是这样，终生关心农民！邓老对我讲的这深刻而又生动的一课，我毕生不忘。

邓老就这样把我送到农村。

我们五个人（三女二男，我是工作组组长）在一个农舍前刚把背包放下，就围上了一层层的群众。他们是来看新四军女兵的，新四军还刚到这一带，农民从来怕兵，可现在却围观我们了，他们互相推着，挤着，到我们面前搭话了。我站了起来，跨上台阶，就说开了，先自我介绍：“我们是新四军的工作组，到你们这里来，同乡亲们一道抗日，就住在村里，大家可多谈谈……”我们顺利地被引着住进了普通的农舍。我像嫁到这个村的新媳妇一样，小心翼翼、勤快地为房东扫地、抬水、抱孩子、抹桌子，饭后抢着洗碗。我同妇女睡在一张床上，头碰头地谈心。男同志同单身雇农住在一起。白天黑夜地走门串户，访贫问

1938年秋在皖南泾县云岭军部服务团的六位女同志（前排王于耕，后排左一张茜，后排右一李珉）

苦，问寒问暖，教儿童识字、唱歌，同村里人相处得其乐融融。这样我们较快地弄清了这个乡的基本情况。一个星期后，我带了十几页的汇报材料，回到指挥部。邓子恢同志亲自听了我啰啰唆唆的汇报。我按提纲一条一条地说着，像我在学校回答考试题一样，心里又紧张，又怕漏了什么。他不时打断我，又提问，还不时征询同时听汇报的其他干部的意见，又催促我："说呀，说呀！""别紧张，慢慢说。"我逐渐松弛下来，竟像对导师答辩一样，滔滔地说了下去。他是那样专注地倾听，还不时在手边记几个字。我说完了便要求指示。

邓老先是哈哈一笑，他说："这不过是开始，开了个头，不错嘛！先学会了联系群众，了解情况。"接着他分析我汇报的那些材料，用普通的生动的话，深入浅出地指出了在对待抗日问题上各阶级不同的态度，从倒四六分的地租剥削到高利贷的盘剥，从经济上简要明确地把要害指了出来，谆谆教导我们要紧紧依靠贫雇农，团结广大农民，争取地主富农一同抗战。他的话使我豁然开朗，我又惊异又佩服。邓老啊，你肚子里装有多少使人开窍的学问啊，我过去从书本上看来的，从报告中听到的，突然变成活生生的现实。什么叫启蒙？这才是真正的启蒙。什么叫思想武器？这才是真正的思想武器。从这一课开始，面对复杂的社会现象，我这个简单的头脑学会了思索。

现在回顾此后几十年的工作，我不管到任何地方，任何单位，都首先做社会调查，它使我在复杂的社会现象面前胸中有数，而这是邓子恢同志教会我的。

在这次汇报中，邓老要我召开一次贫雇农会议。他说人不要太多，有一二十人就够了。要晚上开，不影响生产。"我也去参加。"这太好了，我高高兴兴地回去了。

组织好了会议，我就去指挥部接邓子恢同志，五里路，我迅速地到达了。

记得邓子恢同志穿着过分宽大的军衣，军帽也嫌大了，像盖在头上，散着裤脚（那时我们都裹绑腿），穿双布鞋，哪像个军队首长呢，简直是个农民样子。他一面走，一面和我谈，教我怎样开好这次会。他要我主持，我发毛了，他一句一句交代着，一面询问着我："办得到吗？"

他说："同大家商量，该组织起来了，农民抗敌协会，先搞个筹备委员会，七人组成，一个主任，两个副主任，物色到人选，看看大家的意思，估计选得上吗？"

"我看可以选上。"

"组织起来干什么？"

"农抗会嘛，组织起来打东洋。"

"农民切身利益要注意到。是吃饱肚子打东洋，眼下虽不是大荒年，缺粮人家却不少，牢记着米缸！有的人家米缸快空了，夏熟还没有到手。

"怎么办呢，想办法。你想到了吗？对了，今天你要在适当时候，就是农民最迫切的夏收到眼前的时候，提出减租减息！

"眼下呢，有的人家米缸空了，虽不算大荒，也要注意到先救灾。你说呢？对了，先向地主借粮救灾。

"对了，救灾！是农民切身利益，也让农民认识到组织起来有用，劲就来了，懂了吗？"

"懂了，懂了！"我欢快地走着。

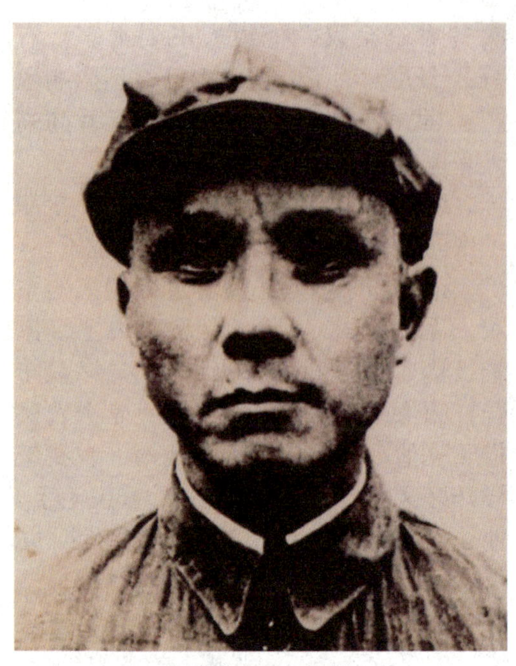

抗战时期的邓子恢

我觉得五里路太近了。我觉得我还没听够，我还要问什么，可我们在邓老笑呵呵的时候，迈进了会场。

会场在一户农民的堂屋，二十来个农民围坐在一起，邓老在一旁悄悄地坐下，努努嘴，示意我坐在他身边。喧笑中的农民并没有特别注意到他。我宣布开会，把人们的注意力引到了议论组织农抗会的事上，人们七嘴八舌地议论着。

我生平第一次主持农民的会议，有些紧张，就像运动员参加比赛一样，不时回首望望自己的"教练"。他总是笑笑，微微点点头，努努嘴，听我说点什么，有时又努努嘴，叫群众说。我胆子慢慢大起来，放手让大家议论。会议的目的达到了，到会的农民高兴地离开了会场。我站了起来，伸手去扶坐久了的邓老，才发现自己的手心里都是汗。我在军衣上抹了抹自己的手，长长地舒了口气。

就这样我们组成了农民抗敌协会，接着又成立了妇抗会、青抗会和儿童团。男女老少每晚集中在我们的农民夜校里。为抗战和保卫农民利益，又建立了农民自卫队（也就是民兵），发展了三名党员，成立了支部，留下了红色火种。邓老曾反复交代要留下火种，不能搞得工作组一走，工作也带走了。我们着迷地同农民一道实行减租减息。那个原来的旧政权，保长、联保主任已经"瘫痪"，农民的组织却巩固下来了，后来成立了新的乡政府，这时我已调回了服务团三队，我不无遗憾。

1973 年秋，我为探视在北京关押的爱人，从闽到京，不久就听到邓老去世的噩耗，我擦着泪到北京医院大门，却进不去，我又挥泪而归。以后，我在八宝山看到邓老的照片和骨灰盒，他的照片仍是满眼的笑意却又带严肃的神情望着人间，我伫立良久，往事历历在眼前。邓老，你一生业绩已传之后人，载入史册，"不朽"两字应属于你。

（本文由北京新四军研究会供稿，节选自《往事灼灼》）

情趣浓浓　患难与共

文／戴光君

十月剧团是我在鄂豫边区和新四军五师工作生活的地方，也是我革命生涯的起点。那时，剧团里除了个别领导年龄稍大些，大部分都是孩子。大家既怀有满腔抗日救国的热情，又单纯、活泼。虽然生活艰苦，环境险恶，但每个人都很乐观，充满朝气。大家互相关心，互相帮助，团结一心，战胜困难，争取胜利。那是一个充满革命激情的战斗集体，也是融洽、和谐的大家庭。在那个期间，我身边发生了许多现在回想起来很有意思的事情。这里，仅就我记忆较清晰的记录几件，以表达我对那个难忘时期的怀念之情。

走上抗日路

1941 年初秋，我十五岁，在武汉上中学。当时，武汉已被日军占领，一些有民族气节的年轻学生，不甘受亡国之辱，纷纷想离开敌占区，学校里也充满了抗日救国的浓厚气氛。我脑子里也满是想着要找抗日的军队，打日军去。我有一个女同学叫徐亚冠（当时名叫徐惠阑），她比我大六七岁，与我的想法相合。她比我懂事多了，待我像大姐姐一样。她去哪里都喜欢约我相随，我也乐意同她相伴。她的家在孝感县城，孝感成立了县中学，她的父母要她回到孝感上学。这年暑假，她来信要我去孝感有要事商量，信中不便说。原来是徐亚冠有一亲戚在县男中读书，叫刘建中。刘有一位亲戚同新四军有联系，经常出入于孝感城里城外，为新四军办些事。他说，出了县城过了护城河，就有新四军的人活动，如果我们想去，他可以帮我们带路。徐亚冠同我商量后，决定先去看看。次日，徐亚冠、刘建中和我分头出城，在约定的地点见到带路的人，我们拉开距离随着带路的人往前走，约两个小时的路程，进了一个村子，走进一农户家。这里可能是个联络点。在这里休息的时候，听人说，要来一位女同志，这个人胆大能干，经常乔装改扮，混过敌人的封锁线，到各地去为抗日部队筹措粮款，还讲了她的一些具体生动的英勇故事。我们听了后，心目中就认为这是一位抗日的女英雄，对她非常敬仰；也认定这个部队是个真正抗日的好部队，我们可以参加。正中午了，有人领来了一位三十多岁的女同志，就是刚才说的那位女英雄，她名叫杨铮，是从边区县政府来此地筹集钱粮的。她一身农妇装束，风尘仆仆，见到我们非常热情、亲切，称我们是“爱国青年”，欢迎我们脱离敌占区，投奔抗日。同时，向我们介绍：新四军有广大的根据地，有学校，她自己就是在洪山公学学习后分来孝感地区工作的。她也告诉我们，根据地的生活是很艰苦的。我们当即表示，先去根据地学习，然后再回来工作。我俩马上返回家，告别父母，简单带了点衣物，按约定的时间四天后返回。离开孝感县城前，父亲送我，临分手时，他从怀里掏出三块银圆，递在我手上，嘱咐我好好保存，做路费用。

我心里清楚，我的家庭经济状况不好，这几块银圆可是家里的全部家当啊！我虽然年龄小，但此时此刻也深深体会到“儿行千里母担忧”这句话包含的深情！

离开孝感县城后，就有人一站接一站地送我们到我党领导的根据地。每到一处都有人热情地照顾我们，安排食宿。这样走了将近一个月的样子，到了京山县的一个小镇，叫小花岭，这里是鄂豫边区党委的所在地。在招待所住了几天后，有个同志和我们谈话，分配刘建中到洪山公学学习，徐亚冠和我去十月剧团，并说：“十月剧团也是洪山公学的艺术系，同样也可以学习。”就这样我来到了十月剧团，从此走上了我党领导的抗日道路。

初识“革命虫”

十月剧团同区党委在一个山冲，相距不远。由于是初秋，山区的气温已显得阴凉，尤其是早晚更透着冷意。我和徐亚冠穿着旗袍大褂，可同志们都还穿着单军衣。我们女同志住的地方是用树枝搭起的床，铺上稻草，再铺上床单就睡人了。部队若要转移，背包一打，将树枝拆除，就走人。生活虽很艰苦，但是大家的情绪很高，每天抗日的歌声不断。每天清晨，我们迎着初秋的冷风，集体去村前的小河里洗漱。有一次，洗漱完毕往回走时，我突然发现张玉详大姐的衣领上有小白虫在爬（张玉详同志在我们这群人中年岁稍大点，大家都称她为大姐）。城里的孩子乍见人身上有这样的小虫，确实有些大惊小怪，惊慌地大声喊起来：“哎呀！张大姐，虫子，你的衣服上有虫子呀！”张大姐用手摸了一把，看了一看，笑着说：“有啥大惊小怪的，是虱子，每个人身上都有，以后你的身上也会有的。过些时间，还会组织大家逮虱子呢！”顿时，我的身上鸡皮疙瘩都起来了，心里真有些害怕。后来，剧团里的人诙谐地对我说：“这叫‘革命虫’，干革命的身上都有这种虫子。”言外之意是，干革命就要吃苦，怕吃苦就不革命。初识“革命虫”，在我头脑里第一次有了艰苦奋斗干革命的印

象。果然，不久以后，我身上也有虱子了，我不仅不害怕，反而还有些引为自豪，似乎觉得这才算得上是一名真正的革命战士。

半路“打老虎”

到剧团不久，我患了重感冒，高烧持续不退，几天卧床难起。大家都很关心我，从团领导到下面的许多同志，都经常问候我。由于团里医疗条件差，我由感冒引发成肺炎，人都烧迷糊了。团里决定赶紧送我去边区医院治疗。从剧团到边区医院要走十来里山路，于是，皮革、万隆等几个男同志用担架抬着我去医院。说是几个男同志，其实都是十几岁的大男孩，抬着我跌跌撞撞的，心里还挺紧张。走到半山腰时，我迷迷糊糊地听见他们互相说：“听到老虎的吼声了吗？”然后大声对我说：“你先在这躺会儿，我们去打老虎。”说罢，他们呼啦一下一齐往山里跑去，把我一个人撂在半山腰。当时，我一个人安静地躺在那里，也没有想到老虎跑来我的命就完了。过了一会儿，他们悻悻然地回来了，老虎看都没看见，便抬起我接着赶路。后来，有的同志听说此事，不禁哈哈大笑地说：“凭你们几个毛头孩子赤手空拳地还去打老虎，若真有老虎，小心喂了小戴，你们也得喂老虎啊！”

苦中情谊浓

我住进医院后，受到了很好的照顾。大家都挺关心我，给我端水送饭，问寒问暖。尤其是医院院长易大姐，她是边区专员许子威的爱人，看我年纪小，病得重，很心疼我。医院的条件也很艰苦，一般的伤病员平时吃的是用大麦碾开做的饭，确实很难吃。易大姐到处想方设法弄点稍好点的东西给我补补身子。其他的同志虽然有点眼馋，但也没有怨言。

经过一段时间的治疗，我顺利地病愈出院了。

我这次生病的过程，使我深深感受到革命队伍的温暖。其实，在我们这个革命集体中，到处都充满了这种温暖和情谊。在剧团里，大人处处照顾体贴孩子，大孩子又体贴照顾小孩子。从领导到下面每个人，大家同甘共苦，共喜共悲，苦中有情，苦中有乐。记得我们这些孩子饭后都喜欢找炊事员要锅巴吃，觉得玉米糊锅巴真香。炊事员是广东人，非常和善，他把锅巴留好，分成一个个小块，藏起来，哪个孩子找他要了，他就偷偷地给一块，得到锅巴的孩子吃起来津津有味，美滋滋的。像这样有趣的事情还很多。那时的生存环境那么艰险困苦，但却没有意志动摇的。我才十五岁，像童鸿影、吴道英等人才十岁刚出头，有些人家庭条件是很好的，有些家离得并不远，大家都情愿在五师、在边区坚持待下去，这样苦下去，什么离队啦，不干了回家去啦，可以说想都没想过。为什么会这样？原因就在于，这里有共同的理想和追求，有真挚的情感，有团结和谐的氛围，有这样一群患难与共的伙伴。现在回想起来，这是多么珍贵而不可忘却和丢失的精神财富啊！

（本文由北京新四军研究会供稿）

为革命胜利烧炭

文／李晋华

1944年，抗日战争进入了第十三个年头。这年春天，张思德已经在毛主席身边站岗十个月了。他响应组织号召来到距离延安七十多里的安塞县石峡峪庄开荒种地，担任农场的副队长。在开荒生产中，张思德总是哪里最苦最累，就带头在哪里干。打井、修路、种地、挖窑，都跑在头里，每天早出晚归。逢到假日，张思德总是留下来看家，整理院子、修理工具、牵上骡子到五六里远的山沟里驮水，回来把同志们没洗的衣服一件件找来洗净、晒干。到了农忙的时候，张思德就带领大家帮助附近的老乡，特别是帮助那些劳力少或家里有病人的农户干活。

几个月以后，眼看着谷子、糜子、玉米长高、长大了，战士们都特别高兴。农历七月，天气渐渐凉了，农场决定轮流进山烧木炭，好准备过冬，因为张思德曾几次烧过木炭，有经验，农场决定由张思德负责烧炭任务。当队长问张思德有什么困难时，张思德坚定地回答："请领导和同志们放心，我是共产党员，为人民的利益，就是拼出命，也要把炭烧好！"

1944年9月5日，一大早下起了毛毛雨。地皮湿漉漉的，地里的活儿干不成了，大伙儿都建议争取时间多打窑，多烧炭。队长和张思德商量以后，决定临时组织一个突击队，进山赶挖几

和战友一起烧炭的张思德

孔新窑。

张思德带着小白、小朱、小李等八名战士，精神焕发，干劲十足，一路唱着歌到了庙河沟的山林，沾满露水的青冈树叶显得鲜红欲滴，高大的白桦、松树更加挺俊。

张思德带着八个战士，分成三个组，分散在三个地方挖。

张思德和战士小白一起干。窑越挖越深了，但是，里面还是直不起腰。张思德钻在里面，猫着腰，累得满头大汗。小白蹲在洞口朝里边喊："组长，出来歇歇，让我进去干会儿吧！"

"不用了！"张思德总是这样照顾其他同志。

这时，天更加阴了下来，牛毛细雨下大了。张思德赶紧从窑洞里钻出来，把一条背炭用的麻袋披在小白身上。小白说："天气凉，你也披一条吧！"张思德说："我不要紧！"说着，张思德拿上两个麻袋，向山后沟走去。

小李、小朱几个战士见张思德给送来了"雨具"，干得更欢了。他们喊道："小雨大干，大雨猛干，不下雨拼命干，保证今天挖好窑！"

张思德也高兴地说："好哇！"说着，把麻袋递到了战士们的手里，顶着雨回到自己干活的地方，和小白一起继续挖窑。

小白请求说："这回让我进去挖一会儿吧！"张思德见外面还在下雨，窑里也能容下两个人了，就说："好，进去多注意！"小白的意思是让张思德在外面歇一会儿，见他还要钻进去，就说："你太累了，先歇会儿，我去干一阵儿。"张思德说："我不累。我们得赶紧把炭窑挖成，好多出几窑炭。现在革命需要炭，领导和同志们需要炭，多出一窑，就是为抗战多作一份贡献！"说着，张思德把头上的雨珠一撸，又钻进了窑里。

张思德和小白继续在窑洞里干活。张思德用小镢刨窑壁、窑顶，小白用锹将刨下来的土扔到窑外，山风吹来秋雨打在山林树叶上发出的清晰的响声。两个人在窑洞里紧张而有序地干活，不时地交谈着。

"小白，你听过毛主席的报告吗？"

"听过！"

"我们收完庄稼，烧好炭，回枣园又能见到毛主席啦！"

"是啊！"

"要是见到毛主席也烤上我们烧的炭火，那该多高兴！"

两个人一边干活，一边拉话，虽然很累，却感到非常愉快。

雨渐渐停了下来。快到中午时分，眼看着一眼炭窑就要挖成了。为了保证质量，张思德又拿着小镢头开始修整窑面，见哪儿凸出，他就挖平、修光，非常认真。

就在张思德修整右边的窑壁时，突然，窑顶上“啪啪”掉下几片碎土。

“快出去，有危险！”张思德大喊一声。小白还没有领悟过来，刚要转身，张思德手疾眼快，一把将他推出窑口，就在这时候，只听“轰隆”一声，两米多厚的窑顶坍塌下来。意外的事情发生了！小白在窑口被压住半截身子，张思德被整个埋在坍下来的土里边。小白大声急叫：“张思德！”呼喊声穿过山谷，传遍山林。

张思德为了人民的利益，为了战友的安全，献出了自己年轻的生命，他才二十九岁。

1944年9月8日下午，中共中央直属机关举行了“追悼张思德同志大会”。会场设在枣园后沟的西山脚下。一大清早，同志们就纷纷进山采摘松枝、野花，给英雄扎花圈，会场前面的土台上摆满了花圈。

伟大领袖毛主席亲自参加了张思德同志的追悼大会。

毛主席亲自将花圈献在土台子中央，挽联上有毛主席亲笔写的：“向为人民利益而牺牲的张思德同志致敬！”

就是在这场追悼会上，伟大领袖毛主席做了《为人民服务》的著名演讲。他稳步走上讲台，打着手势，亲切地讲道：“我们的共产党和共产党所领导的八路军、新四军，是革命的队伍，我们这个队伍完全是为着解放人民的，是彻底地为人民的利益工作的。张思德同志就是我们这个队伍中的一个同志。

“人总是要死的，但死的意义有不同。中国古时候有个文学家叫作司马迁的说过：‘人固有一死，或重于泰山，或轻于鸿毛。’为人民利益而死，就比泰山还重；替法西斯卖力，替剥削人民和压迫人民的人去死，就比鸿毛还轻。张思德同志是为人民利益而死的，他的死是比泰山还要重的。”

毛主席还说：“我们的同志在困难的时候，要看到成绩，要看到光明，要提高我们的勇气。中国人民正在受难，我们有责任解救他们，我们要努力奋斗。要奋斗就会有牺牲，死人的事是经常发生的。但是我们想到人民的利益，想到大多数人民的痛苦，我们为人民而死，就是死得其所。”

张思德同志是全心全意为人民服务的典范。他的一生短暂、平凡，但是，他的崇高精神，永放光芒。

（本文选自中国教育信息网，有删节）

张思德纪念碑

李汉英“虎口拔牙”救出刘志坚

口述／李汉英　整理／史小威　尹保顺　杨惠昌

李汉英

李汉英，河南内黄人。1921年6月生，1939年8月入伍，参加过百团大战、跃进大别山、淮海战役、渡江战役、解放西南等战役、战斗。

1942年秋，日军采用“铁壁合围”的“清剿”战术，对冀南地区抗日根据地实行“拉网式扫荡”。当时我在冀南军区第六分区警卫班当班长。

10月17日，冀南军区政治部主任刘志坚到我们六分区传达上级指示。这天拂晓，敌人突袭部队驻地大师友村。冀南军区领导要求六分区立即把刘主任转移到安全地带。激战中，刘主任的双腿受了重伤，从马背上摔了下来，负责掩护的几名战士也相继牺牲。危难之际，刘主任举枪对准自己的头部扣动扳机，结果手枪撞针出了故障。就这样，刘主任被日军抓走了。

据地下情报得知，刘主任被关押在枣强县大营镇日军的一个据点里。冀南军区首长十分关切，陈再道司令员和宋任穷政委命令六分区三天之内必须把刘主任从日军手里抢回来。

刘志坚

第二天，我们得到情报，敌人决定第三天一大早将刘主任押送到枣强县城。分区首长决定虎口拔牙，在日军枪口下夺人。凌晨，部队悄悄地潜入指定位置。我们警卫班和侦察班在分区易司令员直接率领下，准备乘大部队对敌发起进攻时，趁机把刘主任营救出来。

黎明时分，敌人出动了。两个伪军中队一前一后，日军小队在中间押着一队载着被俘人员的马车。刘主任到底在哪一辆马车上，我们不太清楚，唯一的办法只有一辆一辆查找了。

李汉英

7时许，信号弹划破长空，我军嘹亮的冲锋号响起。顿时杀声震天，敌人猝不及防，仓皇地退到公路两边进行抵抗。这时，易司令员一声令下，我们警卫班和侦察班迅速冲入敌阵的马车旁，一辆一辆地查找，终于在最后一辆马车上发现了刘主任。我们班的一个大个子把刘主任从马车上背下来，我在一旁掩护，迅速向外围撤离。

这场激烈的抢夺战，我们仅用了二十多分钟，不但救出了刘主任和其他同志，还消灭伪军百余人，打死日本兵三十多个。

1955年，刘志坚被授予中将军衔。

（本文选自《解放军报》）

罗圩政——带伤也要赶上大部队

文／刘银艳　赵文华

罗圩政

罗圩政，1911年11月出生，四川阆中并七乡人，副军职离休干部。1933年8月参加中国工农红军，1934年6月加入中国共产党。参加了川陕革命根据地反六路围攻和红四方面军长征。先后任战士、班长、排长、连长、延安总部警卫团警卫、航校排长、抗日军政大学总校科员、副厂长、东北军政大学军需科科长、中南军政大学湖南分校供给部部长、解放军政治学校校务部副部长及部长。1955年荣获三级八一勋章、三级独立自由勋章、三级解放勋章。1988年获二级红星功勋荣誉章。

11月19日，在湖南省军区五里牌干休所老红军罗圩政的家里，记者见到了百岁老红军罗圩政与他已年届九十的老伴朱毓英老人。除了罗老腿脚稍微有点不灵便外，二老的生活一切如常，甚至家里照顾他们饮食起居的阿姨，也是去年才开始请的。朱毓英老人思维敏捷、谈吐清晰，帮着老伴一起回忆过往，还时时不忘维护罗老的形象。“他那时走路飞快，经常去给人家讲故事，就是这两年走路没那么方便了，才没怎么出门了。”长征，是罗老提及最多的经历，即便是讲到在延安为八路军筹款筹粮的经历，他都会不由自主地回忆起爬雪山的艰辛来。

“长征艰苦啊，我们前后走了三遍草地，两年零三个月没住过一天房子。”采访中，三过草地、翻大雪山、攻打成都，是罗老提及最多的经历，“第三次过夹金山时要翻十八座终年积雪的山头，当时很多红军战士没有牺牲在战场上，却在夹金山上被冻死了。”

1933年8月，罗圩政满腔热血地离开家乡，走上了革命的道路。由于历史原因，1936年，罗圩政当时所在的红四方面军第三次过草地北上与中央红军会合。“前一次过草地时，沿路的野菜吃得差不多了，这一次过草地更加困难。”罗老说，过草地时，干粮吃完就要吃野菜草根，最后就吃自己的皮带，有的来不及等皮带煮熟，在火上烤一烤就吃。而为了抵抗寒冷，大家就用树枝烧火、用树叶铺床。

身经百战的罗圩政身上伤痕累累，至今还有未曾取出的弹片。“有一次我的脚负伤了，差点掉队了，幸好凭着一张党员证，赶上了部队。”

那是在1936年再次北上的路上，在夹金山附近一个叫天时湖的地方，罗圩政所在的部队遭遇了国民党的袭击，当时已是连长的罗圩政在指挥战斗时，被子弹打中了右脚。由于缺医少药，罗圩政伤口感染，发起了高烧。而当时部队正要加快行军速度，上级安排他到夹金山脚下的一个大溶洞里养伤。这个溶洞很大，有很多受伤的红军战士在那儿养伤。但罗圩政听说养伤的红军战士可能会跟不上队伍，只能在当地打游击，“我不想离开部队，养了三天伤后，脚刚刚可以活动了，我就开始沿着部队前进的路线追赶”。

“当时我身上带着一个党员证，就是凭着这个党员证，一路与沿途留下来的秘密联络员接头。”就这样，行动不便的罗圩政向着北边抄小路赶，从秘密联络员那里得知部队的行踪和消息，并且偶尔得到一点点粮食。在他们的帮助下，经过二十多天的追赶，罗圩政又赶上了大部队。

1936年10月，红四方面军与中央红军在会宁地区胜利会师，罗老的漫漫长征路才终于画上句号。

（本文选自《湖南日报》，有删节）

老红军吴以怀讲述抗战故事

文／李关平　余海梅

吴以怀

"大刀，向鬼子们的头上砍去……"在八十七岁的老红军吴以怀的住所，讲起年轻时候的抗战故事，吴老依然能清晰地记得1938年他带领学生到莺歌海、崖县等地动员群众参加抗战，演唱的《大刀进行曲》，当时他年仅十八岁。"没有老百姓的支持，我们拿不到敌人的物资，也送不到山里给部队！"十九岁便深入沦陷区开展革命工作的吴以怀说起当年的地下斗争，最让他感动的是当地百姓的支持。

上新学堂接受新思想

1920年9月，吴以怀出生于昌江县墩头村（现属东方市）一个渔民家庭，其母亲是共产党地下情报员，在海南解放前夕被国民党杀害，牺牲时已七十多岁。吴以怀十岁的时候，强烈要求上学读书，被父母就近送到当时共产党人史丹先生开办的昌江县二小读书。

"爱、健、坚、劳、创"是二小的建校宗旨，吴老清楚记得，这是一所新式学堂，学校教育学生爱父母、爱国家，破除迷信，反对包办婚姻，提倡自由恋爱。吴以怀在上二小的七年里，接受了很多新思想，为他接下来投入革命生涯打下了基础。吴老说，当时村民非常迷信，相信道士，迷信参拜鬼神，但是接受了新思想的他和村里的同学相信世上没有鬼神，于是为了证明给全村人看，他们当着道士的面摸鬼神像的鼻子，当时道士下咒称鬼神会要他们的命，但是事实证明他们什么事都没有，久而久之村民逐渐不相信鬼神。

组建"八姐妹"运输队

吴以怀说："史丹、马白山等老师在破除迷信、解放思想的基础上，进一步培育我们树立爱国思想，接受马列主义思想的启蒙。"在几位共产党员教师的引导下，十六岁的吴以怀加入了中国共产党，并成为学校学生运动的带头人。

1939年7月，日军一举占领墩头、港门、新街等大片村庄，日军烧杀掳掠，

1950年，吴以怀、许桂英的结婚照

很多难民逃往外地，整个县城陷入白色恐怖之中。1939年底，吴以怀临危受命，被党组织派到敌占区一带去开展工作，主要是发展党员，筹集抗日物资。

当时最有名的是墩头“八姐妹”抗日运输队。他潜入敌占区后，发展了数十名共产党员，成立青抗会、妇救会等地下组织，夺取敌人物资，破坏敌人物资供应，并为住在深山中的抗战部队“雪中送炭”。说起当年的墩头八姐妹，吴老竖起大拇指表示钦佩。当时为了打破敌人的封锁线，将从敌人手中夺取来的物资运送给深山的抗战部队，吴以怀在敌占区秘密组织成立了“八姐妹”中老年妇女运输队，以挑小咸鱼去农村换地瓜做掩护，突破敌人的封锁线，悄悄地将物品送往抗日部队，后来又改为夜间行动，两人一组，化整为零，冒着生命危险源源不断地将物资输送到部队，战士们都称“八姐妹”为“妈妈”。

接应渡海佯攻王五墟

1942年，在敌占区秘密工作了三年的吴以怀身份逐渐使日军产生怀疑，党组织考虑到吴以怀的安全，安排他秘密撤出，进山加入部队，从此吴以怀成为一名军人。

加入部队后，在抗战和解放战争时期，吴以怀先后担任过技术书记员、支队政委、团政委，从一名地下工作者转变成一线战斗指挥员，伏击日军，攻打乐东县城，参加过大大小小无数个战斗，驻扎在深山中经受过敌人飞机的轰炸，历经过炮火的洗礼。

1950年4月，解放军渡海作战解放海南岛。为了配合解放军在临高登陆，琼崖纵队派部队佯攻儋县王五墟，牵制那大和大成一带国民党军队。吴以怀率团攻打王五墟，给国民党军队制造渡海部队将在儋县西海岸一带登陆的假象，遭到国民党军队的猛烈攻击，伤亡惨重，但是牵制住了敌人近万兵力，使解放军四十军在西路临高角顺利登陆。

（本文选自《海口晚报》）

1984年，东方墩头村琼纵老战友合影（二排左一为吴以怀）

抗日烽火中的母亲

文／谢忠蜀

谢忠蜀

母亲是重庆人，生于1919年。1935年，母亲在重庆著名的治平中学女中部求学。由于有共青团员、共产党员和进步人士在这里任教，老师们把对学生进行革命思想的灌输寓于日常的教学之中。为了启迪学生们的革命思想，老师纷纷给同学们起新名字。我母亲原名谢正富，被更名为谢凌高（取壮志凌云、志存高远之意）。学校培育了一批批有志青年走上革命的道路，而母亲向往革命的思想就是在这里启蒙的。1937年抗日战争全面爆发后，学校的抗日救亡活动如火如荼。不做亡国奴的呼声，激荡在整个治平中学。全校师生曾多次上街游行，呼喊口号，“工农兵学商，一齐来救亡”“打倒日本帝国主义”，还张贴各种抗日标语。母亲记得，这年冬天学校开了一次恳亲会，同学们自编自演了一出戏，叫作《王小二过年》，它深刻揭露了日本帝国主义的侵略和国民党的压迫，获得全校师生一致喝彩。1938年上半年，母亲在治平中学毕业。

这年8月，国民党航空委员会通讯人员训练班（简称航讯班）贴出布告，招收战时知识训练班（简称战训班）学生，录取人数约三十人，男女兼收，学生自费参加。母亲闻讯急切前往江北公园球场附近的招募点参加报考，并以优异成绩被录取，进入了战训班开始接受训练。被录取的学生中绝大多数是原治平中学的学生，在战训班相见，大家不亦乐乎。

据资料记载，在抗日运动高潮时期，航讯班中的抗日积极分子（其中有中共地下党员，如航校副大队长郭登明）组成了航讯救亡团在江北开展救亡工作。救亡团的一项重要任务，就是开办江北战时救亡知识训练班（即战训班）。战训班先上课后开学，地址在重庆市江北区的福音堂。福音堂是信奉耶稣教人士聚会做礼拜的地方，堂里有几间空屋，分布有战训班、图书室、夜校，这里成为江北抗日救亡的活动阵地。图书室设在礼拜堂，那里有供读者阅读和休息的桌凳，有条件全天开放。战训班的教室就在一个空屋里。那时，看一个青年是否进步，就看他是否参加福音堂的抗日救亡活动。

战训班由航讯班的郭登明主持，教员也由航讯班的学生和教官担任，主要课程是时事、军事、救护知识等。两个月的训练结束后，因母亲勤奋好学，结业考试获得了第一名。她受到奖励，免费阅读一个月的《新华日报》。母亲记得毕业典礼时，每人除发有毕业证书外，还发一份同学录。毕业典礼在江北公园举行，在老师们分别讲话后，演出了话剧。其中一幕是几个日本兵在酒吧间喝醉酒后，调戏中国妇女。李夫华等同学扮演日本人，而母亲扮演的是正在四处流浪的卖花姑娘，郑秀民老师扮演卖花姑娘的哥哥。这幕剧达到了教育群众团结抗日、不做亡国奴的目的。

战训班结业后，在福音堂办夜校，仍是郭登明主要负责。母亲的手稿中记录：“他主要抓时事宣传，杨建华教我们唱抗日歌曲，王语山教俄语。在诸位老师中，我们最敬仰郭登明。我们在夜校，除了学文化，还学唱歌、演戏，开展抗日救亡活动，主要是出墙报、表演和宣传。墙报先在教室里写好，还附有各种漫画。有时贴在福音堂的墙壁上，有时贴在临街的墙壁上。同时我们还学会了许多抗日歌曲，排演了小型话剧。郭登明组织我们到江北街头、寸滩、头塘等乡镇去表演、宣传。每到一个地方，我们高唱《义勇军进行曲》《到敌人后方去》《大刀进行曲》《游击队歌》等歌曲，群众闻声围拢来，我们就借一只凳子站上去演讲，宣传抗日救亡的道理，呼唤大家不做亡国奴。这些活动形式喜闻乐见，使群众受到鼓舞。有时我们一手拿着竹筒，一手拿着鲜花，向行人募捐，口中叫着先生、小姐买一枝花，买枝花儿救国家，用这种方式去募捐慰问抗日将士。在郭登明带领下，我们这支三十多人的队伍把抗日救亡工作搞得有声有色。”

这年10月，国民参政会参政员邓颖超、史良从重庆市中区朝天门坐小木船过江，接受战训班的邀请来到福音堂发表演讲。事前，战训班的学员搬椅子，做凳子，忙着布置会场。邓颖超同志当时刚从苏联回国，她演讲的主题是“妇女在抗日战争中的地位和作用”。母亲生前曾说起，当时场内场外挤满了人，轰动了整个江北城。邓颖超的演讲充满激情，鼓舞人心，博得了人群中一阵阵热烈的掌声。

战训班从成立之初就把握进步的方向，有些抗日救亡活动在航讯班的掩护下进行，因而起初并未引起国民党的注意。但当抗日救亡烈火燃遍江北城时，还是遭到国民党的窥探和阻挠。图书室被封闭，夜校也停办了，福音堂的活动也戛然而止。郭登明、王语山等人便在学员吴血侠家中教学艾思奇的《大众哲学》和俄语。在白色恐怖的日子里，抄写墙报的地方被查封了，母亲便主动提出在自己家里进行，这一提议得到了大家的一致认可，这为墙报的继续推出创造了必要条件。由于这些墙报内容新颖，很吸引人。

战火中的重庆

有一天，郭登明说，八路军在重庆招考护士去陕北革命圣地延安工作，他叫学员们去报考。于是女同学都到重庆新华日报社去报名。母亲和郭英才、李素芳三个同学被录取。由于学员张珊萍事前走漏消息，致使三人中仅李素芳一人成行，这成了母亲终生的遗憾。虽然母亲没有去陕北，但心向延安。白天积极抄写墙报，夜里仍继续到郭登明、王语山宿舍读《大众哲学》。母亲生前经常会不由自主地哼起那首她熟悉的曲子——《游击队之歌》，我想母亲此刻一定沉浸在她那激情燃烧的抗日岁月里。

我的父亲杨家彬当时是航讯班学员，曾和郭登明在南昌共同受训。由于郭登明正义感极强，在课堂上敢于和政治教官公开辩论，从而受到父亲的敬仰。航讯班迁往重庆后，和战训班学员在福音堂相处的日子里，经过郭登明的介绍，母亲和父亲结为连理，从此相伴一生。和母亲的这段婚姻，父亲生前在回忆录中写道：“经过郭登明介绍后，我特别喜欢的是凌高在读《大众哲学》，她的思想是和共产主义革命相联系的，在白色恐怖的情况下，她的思想进步是我第一个喜欢的事情。她是要求去陕北而没有走成的革命青年，而且她照料老母弱弟（老母亲残疾，弟弟仅五岁），有操劳持家的劳动本色。”之后，父亲加盟陈纳德将军组建的航空志愿队，担任陈将军的飞行报务员，与陈将军同生死、共患难。

战训班是中国共产党领导和组织的、以统一战线形式出现的抗日救亡团体。它的学员结业后，有的去了革命圣地延安，有的牺牲在重庆渣滓洞集中营，有的在中华人民共和国成立后成了国家的栋梁。我的母亲经过抗日烽火的洗礼，为祖国的革命和建设事业作出了应有的贡献，我作为母亲的儿子感到欣慰。借此文怀念我刚刚去世的母亲谢凌高，祝愿她和父亲杨家彬在天堂平安快乐！

（本文选自《联合时报》）

“小鬼头”李天佑的两个“三天三夜”

文/吴　军

李天佑

李天佑，1914年1月8日出生在广西临桂县六塘圩高陂寨的一个贫农家庭。兄弟姐妹五人，他排行第三，姐弟中曾有两人被卖抵债。李天佑幼年时读过两年私塾，后随父母赶圩卖柴、卖席、卖竹器，还在桂林一家米粉店当过学徒。由于家境贫寒，李天佑仅仅读了两年私塾，没有得到老天爷保佑的少年产生了离家出走找出路的念头。

1928年夏，年仅十四岁的李天佑在桂林报名加入了北伐军著名将领李明瑞的部队，初时任勤务兵。由于李天佑能吃苦，作战勇敢，很快被提升为上等兵，不久又被送到由中共党员张云逸领导创办的南宁教导总队当了学兵。在张云逸等共产党人的教育启发下，李天佑变得少年老成，懂得了只有跟着共产党闹革命，才能摆脱贫穷和饥饿的道理。

“广西军阀没得混啰！”

1929年12月下旬，在邓小平、张云逸等领导下，不到十六岁的李天佑，跟着教导总队、广西警备第四大队在广

西百色起义。起义的当天，中国工农红军第七军宣告成立，李天佑从此成为红军战士，参加了开辟和保卫右江苏区的历次斗争，开始了他为共产主义事业奋斗的戎马生涯。

在战场上，李天佑表现无比英勇，先后担任军部特务连排长、副连长、连长，既担负保卫军长张云逸、政委邓小平的重任，关键时刻又当消防队员——哪里敌情重大，就带队冲向哪里。在参加攻打贵州榕江城等一系列战斗中，他带头冲锋陷阵，专打硬仗、恶仗，两次带伤战斗，出色地完成了任务。一次在军部会议上，邓小平专门提到李天佑，幽默地评价他说："这个小鬼头，还不到十六岁，就这样凶！到二十六岁、三十六岁，那还得了？广西军阀没得混啰！"

与此同时，深谙农民痛苦的李天佑，还带领干部、战士下乡帮助群众斗地主，缴田契、分土地，参加土改工作。在群众大会上，看到分到土地的农民兄弟眉开眼笑，他以革命者特有的早熟，掷地有声地说："父母给我起名天佑，可是老天爷从未保佑过我！看来，老天爷也是势利眼，它只保佑有钱人。现在，大家看到了，保佑我、保佑大家的，是共产党，是红军。要想找出路，到红军里面找！"大会后，报名参加红军的，竟达一千人之众。问起原因，大家说不出深浅，只是异口同声地说："那个小红军讲得有道理。"

1930年10月，红七军奉命北上，李天佑带领特务连，跟随张云逸、邓小平转战桂、黔、粤、湘、赣五省边境，次年7月在江西于都桥头镇与中央红军胜利会师。在这次行程一万多里的行动中，他负责保卫军部首长和领导机关的安全。在红七军老同志的回忆文章中，李天佑给大家的印象是："多次在危急关头，他一手执钢刀，一手举驳壳枪，带领全连冲锋在前，退却在后，掩护部队脱离险境。当时，全军上下都知道李天佑的大名，称他是'小老虎连长'。"

于都会师后，红七军编入红三军团建制，随即参加了中央苏区第三次反"围剿"斗争。在山高路远坑深的湘赣战场上，李天佑带特务连追随"一代猛将"彭德怀，与红三军团大军一起纵横驰奔。1932年2月上旬，"左"倾路线领导人不顾毛泽东反对，一意孤行攻打坚城赣州。战斗中，李天佑"虎啸坚城"，带领突击队在敌人的枪林弹雨中抢先登城，他身上连中三弹，血流如注，失去知觉。当时，战友们是把他当烈士抢出阵地的。但谁也没想到，三个月后，李天佑竟然奇迹般地伤愈归队。一下子，李天佑的大名在红三军团传开了。由于战功卓著，他被升任红七军五十八团副团长。

两个"三天三夜"

1932年夏天，为栽培这位猛将，彭德怀选拔他到瑞金工农红军学校上级干部队学习，意在把他培养成红三军团的"上级干部"。1933年1月，他以优异成绩结业归队，升任五十八团团长，随即参加了中央苏区第四次反"围剿"作战。其间表现深得军史研究者好评："在黄陂、草台岗等战斗中，坚决执行了在运动战中伏击敌人的作战方针，对取得第四次反'围剿'歼灭国民党军三个师的胜利作出了贡献。"

1933年5月，在江西宁都大湖坪，红三军团按三三制整编，李天佑被任命为第五师十三团团长。7月初，"左"倾路线领导人推行"两个拳头打人"战

1938年，李天佑（中）与肖华（右二）、陈士榘（左一）等人于晋西孝义合影

1947年，张秀山（右起）、李天佑、李寿轩、李国华在哈尔滨

1947年5月夏季攻势中，李天佑（左三）和万毅（左二）、李作鹏（左四坐地上者）、周赤萍（左五）等一纵领导在研究作战计划

李天佑（左）和钟赤兵摄于莫斯科

略，命令以红三军团为主组成“东方军”入闽作战。8月中旬，李天佑指挥十三团将自称“铁军”的国民党十九路军第六十二师三六六团全部消灭，开创了红军一个团在运动中歼敌一个团的纪录，受到“东方军”司令员彭德怀的盛赞，也创造了“东方军”入闽作战时期最大的亮点之一。当年底，因指挥十三团入闽作战战绩出色，李天佑荣获第二届全国苏维埃代表大会授予的三等红星奖章，其部队荣获“英雄模范团”锦旗一面。

1934年1月，刚刚二十岁的李天佑升任红五师师长。4月，第五次反“围剿”进行中，他奉命指挥了著名的高虎脑战斗。谈起这次战斗，军史研究者无不对李天佑的军事才能津津乐道：“面对数倍于己的敌人在飞机大炮配合下的数十次冲击，他以钢铁般的意志，在负伤的情况下指挥部队坚守阵地三天三夜，击退了敌人九次大的冲击，直到接到命令才撤离战场。”

1934年10月，第五次反“围剿”失败后，中央红军进行战略转移——长征。作为红三军团前卫，李天佑和政委钟赤兵率红五师，先后突破了敌军的三道封锁线，为军团主力打开了通道。12月，在突击敌人第四道封锁线湘江之战中，面对数量和武器装备都占绝对优势的敌人，李天佑毫无惧色，奉命带两个团在广西灌阳新圩阻击国民党军两个师。后人对他的评价是：“沉着机智，指挥若定，每天要打退敌人几十次冲锋，苦战三天三夜，完成了任务。最终，保住了红军向湘江前进的通道，从左翼掩护中央机关纵队渡过湘江。”高虎脑战斗，李天佑坚守阵地三天三夜；湘江战役，他又苦战三天三夜。两个三天三夜的经历，让李天佑在红三军团的知名度迅速提高。

1935年6月，中央红军和红四方面军会合后，整编为左、右两路军分别北上。为加强两军联系，时任红三军团作战科科长的李天佑，被任命为红四方面军第三十军参谋长，成为军长程世才、政委李先念的得力助手。

（本文选自人民政协网）

高炮的“眼睛”

文／吴同喜　张滋堃　石　林

1953年10月20日，在北京召开的中国人民志愿军炮兵英模代表大会上，有一位被誉为“高炮眼睛的忠诚卫士”的英模给人留下了很深的印象，他就是一等功臣、二级战士勋章的获得者，炮兵第六〇七团三连测高机手——许明月。

1953年5月28日，许明月所在连在北汉江负责对空掩护任务。18时，敌人的一架B-26轰炸机在四千米的高度上，经连队阵地向地面炮兵群方向飞去，连队随即对其射击。正在此时，东南方向出现四架F-9F型敌机。敌机发现连队的射弹爆烟后，从六千米高度对连队阵地进行投弹攻击。炸弹急促而密集，阵地上顿时硝烟弥漫。许明月为保护测高机不被敌机损坏，急忙趴在测高机上，并将头上的钢盔摘下来盖住镜头。轰隆一声，一颗航弹在距其一百米远的山坡上爆炸了，碎石飞溅，但测高机毫发无损，许明月也只是奇迹般地受了点轻伤。

6月5日，我军夺取轿岩山后，敌人便集中地面炮火与空中力量进行反击，企图夺回我军刚占领的阵地。许明月所在连队越战越勇，打下敌机两架，击伤数架，直接威胁着敌空军的行动。从中午12时开始，敌人用地面炮火射击我阵地，企图压制我防空火力。炮弹一排排、一次次地在阵地附近爆炸，战斗空前激

1950年10月19日，中国人民志愿军雄赳赳、气昂昂跨过鸭绿江，赴朝参战

烈。每当敌炮火打过来，许明月都会将器材置于最安全的地方，宁愿自己受伤也不让器材受损。突然，一发炮弹在距离阵地五米处爆炸，班长重伤倒地，许明月的腹部、腿部也负了伤，鲜血直流。他用尽一切力量，扶着三脚架站起来继续测量敌机高度。同志们受其鼓舞，拼死射击，以密集火力将敌机击退。

6月15日，许明月所在连队又回到5月29日曾战斗过的阵地——津江桥。第一天，敌五十四架B-26轰炸机在多架F-89型战机的护航下拼命轰炸，企图破坏我军战略交通线。连队坚决反击，打落两架，击伤3架。第二天，一场更为激烈的对空战斗到来了。敌二十四架F-86型战斗机突然向我军阵地偷袭，轮番俯冲、扫射、投弹，烟雾遮蔽了阵地，弹片、石块在阵地上乱飞。在这危急关头，许明月用身体挡住镜头，自己却被弹片击中了头部，血流不止。战友准备给其包扎时，敌机又俯冲下来，他急忙推开战友说："打落敌机要紧，不要管我！"他迅速擦掉镜头上的血，继续抓住目标，测量高度，一直坚持到把敌机打得逃离到距我炮兵群八千米以外的高空。

几次负伤后，连队决定让许明月下去休息。考虑到连队只有一个测高机手，自己离开后连队就很难完成任务，许明月一直坚守岗位，拒绝休息，直至战争结束。在几次战斗后，许明月荣立一等功，并荣获二级战士勋章。

1953年7月27日，中美朝在板门店签订了《朝鲜停战协定》，朝鲜战争结束。同年8月，许明月所在连队从朝鲜撤回，许明月作为英雄代表受到了毛主席的接见。同年10月20日，作为英模代表，许明月在首届中国人民志愿军炮兵英模代表大会上发言，与会代表听了他的事迹报告后，掌声雷动。

如今，许明月所在的营队被改编为济南军区某铁军防空旅高炮营，他的精神也在不断地影响着一代代官兵，并被传承着、发扬着……

（本文选自《解放军报》）

奇才吴岱将军

文／吴东峰

吴岱将军（1918—1996年），矮个，大头，广额，眼窝略陷，目光锐利，人称“小列宁”。

红军时期，吴岱将军任补充团二连指导员。上任当日，全连官兵于一打稻场集合成连横队、排纵队，将军于队列前曰：“我叫吴岱。听见听不见？”后排战士喊：“听见看不见！”将军只得站在小竹凳上作“就职演讲”。是时，将军十六岁，而该连官兵平均年龄二十来岁，最大者三十多岁。

吴岱将军善吹军号，号声嘀嘀，能指挥部队前进、冲锋、撤退、向左包围、向右包围。将军亦懂旗语：左手举红旗，右手举白旗。红白两旗上下翻滚，左右交叉，能示意对方“注意左后方敌人”“派两个连左面迂回”“敌人溃退迅速追击”“向你们祝贺胜利”等。将军以旗语对答，准确、迅速。其时，红军中能学会旗语者寥寥也。

吴岱将军参加红军后，好学不倦。某日，将军得四本油印小册子：一为《十大纲领和五大纲领》；二为《红军第四军第九次党代表大会决议案》（即《古田会议决议》）；三为《红军手册》；四为《红军识字课本》。将军通读一遍，即能背诵。又某日，陈光见吴岱，当场出题考之，如十大纲领、红军三大任务、三大纪律八项注意、游击战十六字诀等，将军皆一一对答如流，陈光惊曰：“奇才！奇才！”

红军时期某日，时任一军团政治部民运部部长的罗荣桓至警备连调查研究，时任连青年干事的吴岱接待。连队工作、军事训练、士兵情况等，将军有问必答，答必详尽具体，又以古田会议精神、政治工作内容等问题考之，无不对答如流。

1936年初，吴岱将军率小分队进驻山西洪洞筹集物资。小分队住某大户家。某日，竟从山墙中发现一千五百七十块银圆，白花花，亮闪闪。其时，十个银圆约等于一个连的伙食费。有人建议留部分自用，将军则决定全部上缴，并带十人以干粮袋装银圆，送军团部上缴。途中，丢失八块。将军不顾疲劳，回返寻找，逐一捡回，一块不差。罗荣桓闻之赞曰：“有大局观念，无本位主义。”

吴岱将军好记性，过耳报告，不用笔记，回来传达，一二三四、甲乙丙丁，几与原报告相同。凡见面之人，经历之事，均能记之，人名、地名数十年不忘。将军儿时能唱数十首民歌，至老年仍未忘。如《穷人革命歌》《救穷歌》《哥哥去山东》等。

吴岱将军任营教导员时，进营点名不用花名册。是时，全营六百余人，将军全凭记忆，张三、李四、王五，逐一点来，无一遗漏，亦无一差错。部分官

兵家庭住址，父母情况，兄弟几人等，亦可娓娓道来。故人称其为“材料箱子”“活字典”。

1938年，吴岱将军初任一一五师独立支队（后改为晋西独立支队）一团三营教导员。某日，营组织军事训练比赛，规定每个连五班参加。比赛结果十二连五班获第一。其时，有人怀疑十二连五班暗中换人，而十二连段指导员则矢口否认。吴岱将军闻之，即取十二连花名册，命集合五班全体人员，并一一目视后，对段指导员曰：“你换了一个人。”段指导员仍辩解，将军不看花名册，一一点名，并指出换某某，原在某班。段指导员大惊亦大惭也。

何万祥，山东军区战斗英雄，1944年4月5日于沂蒙山北一次战斗中英勇牺牲。7月，山东军区战士剧社两位编导和《民兵报》一位记者到何万祥所在六团采访。时任政委的吴岱将军向编导和记者介绍何万祥事迹。编导和记者大为惊异，说吴政委真神了，一次谈话就是一篇文章。著名战斗通讯《英雄连长何万祥和战斗突击队》和组歌《我们的连长何万祥》即是根据吴岱将军讲话整理而成的。

1944年4月，山东军区政工会于山东碑廓一小学教室召开，吴岱将军代表滨海军分区汇报连队政治工作经验。山东军区政委罗荣桓、副政委黎玉、政治部主任萧华等坐在第一排听讲。吴岱将军汇报一整天，精彩纷呈，被掌声频频打断。黎玉曰：“吴岱是我们军区模范团政委。”萧华曰：“吴岱政治工作堪称模范。”罗荣桓曰：“模范，模范，模就是样子，范是标准。”是年，吴岱将军荣膺八路军一一五师、山东军区授予的“模范团政委”光荣称号。同年，山东军区《民兵报》发表短评《向吴岱政委学习》。抗日战争时期，延安抗日军政大学曾编印出版一本书，书名叫《模范政治委员吴岱》，三十二开本，白皮封面，宋体字标题，下一行小字标“学员必读”，未署出版日期。据云，我军团级干部先进事迹结集出书者，吴岱将军当为首例。

中华人民共和国成立后某日，吴岱将军与某军分区副司令员谈话。该副司令员为山西侯马人。将军与之拉家常，侯马之西为某某村，之南为某某村，北面为某某山，东面为某某河。谈话结束后，该副司令员一直以为将军为侯马人，而不知将军仅于抗战初期随晋西支队路过侯马。又某日，作家史大伟调任三十八军政治部任秘书，时任军政治部主任的吴岱将军偶遇之，便直呼其名。史大伟大惑不解曰：“吴主任如何认识我？”将军曰：“两年前，我们在河北永清三岔口见过一面。”史大伟曰：“军首长能记住我，真让我受宠若惊。”

吴岱将军博览群书，家中藏书亦多。厅中椅座，乃书屉也；卧室箱笈，亦书柜也；茶几、窗台、床头，叠书累累；壁橱、楼角、走廊、阳台，书箱满满。大部头书亦多，如《鲁迅全集》《马克思恩格斯全集》《二十四史》等。

1943年9月，吴岱将军与山东郯城挂剑区妇救会副会长何云喜结连理。结婚时，符竹庭政委送了两支笔，一为“金星”，一为“新民”。吴岱将军夫妇和谐度日，相敬如宾，五十余年如一日。

（本文选自《北京日报》，作者系广州市文联原副主席）

太岳虎将楚大明

——沙场敌胆寒　热血洒吕梁

文／张玉艳

楚大明

在抗日战争和解放战争时期的冀南平原和太岳山区，有一员作战勇猛、威震敌胆的虎将。陈赓大将曾赞扬他："负伤几十次，仍身先士卒，保持英雄本色；求战心切，但不鲁莽；战功大，但不狭隘本位；顾全大局，是个难得的好同志。""太岳战将猛，首推楚大明。"他就是曾任晋冀鲁豫军区第四纵队第十旅副旅长的楚大明。

少年从戎乱世间

楚大明，原名楚大志，1916年出生在河南商城何风桥乡楚家湾村一个贫苦农民家庭。十几岁时，在亲友的帮助下，楚大明开始跟着一个姓李的郎中当学徒。在行医过程中，楚大明先后结识了中共地下党员陈兴朗、易占成，受到了他们先进思想的熏陶，懂得了许多革命道理。后来，他弃医经商，并以开饭馆为掩护，召集一些青年农民秘密集会，宣传革命道理，秘密组织农民协会，开展农民运动。在此期间，国民党军队和地方民团常在何风桥一带驻扎，楚大明遵照党的

指示，组织农民协会秘密搜集国民党政府和军队的情报，设法购买当地驻军的子弹，暗中送到商北的中共地下党组织活动中心——观音山，支援革命武装。

1929年5月6日，中共商城党组织在商城地区成功地领导了著名的商南工农武装起义，成立了中国工农红军第十一军第三十二师，并且打下了商城县城，革命风暴席卷商北。次年春，商北杨堰正式成立了工农苏维埃政权，楚大明立即投身到这股革命洪流之中。他与邻村十多名热血青年参加了赤卫队，由于工作积极，斗争勇敢，他很快被任命为商城县第五区六村苏维埃常委兼赤卫营营长。他带领队员转战商北，打土豪，拔围寨，先后攻打下杨楼、汉王庙、汤家楼等地。从此以后，他开始了光辉而坎坷的革命武装斗争生涯。

1932年夏，五区赤卫队编入红四方面军第二十五军第七十四师，楚大明光荣地参加了红军并当了一名卫生员。他一面参加军事训练，一面为医治伤员而奔忙。同年6月，蒋介石为消灭大别山地区的新生革命力量，调集三十万大军对鄂豫皖苏区发动第四次“围剿”。由于鄂豫皖苏区中央分局书记兼鄂豫皖革命军事委员会主席张国焘的错误领导，导致第四次反“围剿”失败，红四方面军被迫撤出鄂豫皖根据地，向平汉铁路以西转移。楚大明和其他战士忍受着饥饿与疲惫，在严冬季节冲破沿途强敌的围追堵截，两越秦岭，行程近一千五百公里，历时两个月，歼敌近万人，安全转移到川陕边地区。接着，红四方面军又翻越巴山，开始创建川陕革命根据地。楚大明在党的教育和培养下，经历了战火的考验，于1933年光荣地加入了中国共产党，逐步由司号员、通信员晋升为班长、排长、连长、政治指导员。

奋战沙场敌胆寒

卢沟桥事变后，中国工农红军主力改编为国民革命军第八路军，楚大明所在的红四方面军改编为八路军第一二九师。9月30日，一二九师奉命东渡黄河，奔赴华北抗日前线。1937年底，楚大明跟随一二九师东进纵队，挺进到平汉铁路以东的冀南地区，开辟敌后抗日根据地。

经过多年战斗的磨炼，楚大明已经成为一名出色的军事指挥员。他所率领的部队“攻如猛虎，守如泰山”，屡出奇兵，克敌制胜，创造出许多经典战例。

1940年5月，八路军冀南部队整编，楚大明晋升为冀南军区新七旅二十团营长。1940年秋，八路军前方总部发起百团大战，冀南各主力团和各县游击队全部参战。作战时，楚大明总是战斗在最前沿，同战士们一起奋勇杀敌。在范县郑庄的战斗中，楚大明带头冲入敌群与日军指挥官进行肉搏战，身上被刺伤多处，鲜血直流，但他仍死死扭住敌人不放，终于手刃顽敌。在冀南大口战斗中，他率部四次与日军精锐伊藤中队进行拼杀，经过浴血奋战，日军除二三十人逃脱外，其余全部被歼。一次，与日军的肉搏战中，在危急的情势下，楚大明一口狠狠咬住了对方的手，情急之下，对方猛一抽手，居然带掉了楚大明的两颗门牙。一股热血流入楚大明口中，他大吼一声，虎性大发，狠狠地还击了敌人。战斗结束了，敌我双方都付出了沉重的伤亡。楚大明幸运地活了下来，但却失去了两颗门牙。后来经冀南军区司令员陈再道特别批示，为楚大明镶了两颗金牙。从此，楚大明这个名字传遍冀南，令敌人闻风丧胆。当时的《冀南日报》经常报道楚大明及其所率部队胜利的消息。1942 年 6 月，楚大明因卓越的指挥才能和勇猛顽强的作风，晋升为第二十团副团长，并获得“虎将”之称。

1943 年 7 月，盘踞在平汉路以西的伪第二十四集团军在总指挥刘月亭的指挥下，侵占了豫北林县县城。为歼灭进攻之敌，扩大根据地，上级决定发起林南战役。二十团被编在西集团，任务就是攻打敌人的心脏——林县县城。7 月 18 日夜，楚大明率部偷袭，不巧在接近城墙时被敌军哨兵发现。“口令！”敌人哨兵喝问，不少人心里一惊。楚大明镇定自若，马上答道：“少啰唆，自己人！军长命令我们支援你们守城，快开门，要不我们马上就走！”哨兵信以为真，乖乖打开了城门。部队流水般涌入城内，直插敌指挥部，与同时冲进城的三团互相配合，一举攻下林县县城，全歼刘月亭部千余人。二十团受到一二九师刘伯承、邓小平首长的通令嘉奖。

楚大明和二十团在战斗中屡建奇功，威震冀南。人民爱戴他们，拥军的猪肉和酒坛上写着：“送给二十团！”敌人害怕二十团，传出歌谣：“天不怕，地不怕，就怕楚团戳一下！”

挺进太岳功勋建

1943 年秋，二十团奉命由冀南军区调往太岳军区，归属三八六旅。9 月初，楚大明率二十团经过长途山地行军来到了太岳区的士敏县窑坡村，太岳军区司令员陈赓亲自带领三八六旅的领导同志前去看望二十团。二十团虽然接连参加了两次战斗，又经过长途行军，可是战士们却毫无倦色，个个情绪高昂。

这时，正值日军华北最高司令官冈村宁次调集两万多日伪军对太岳根据地进行秋季“铁轮扫荡”。为了粉碎敌人这次“扫荡”，刘伯承、邓小平首长指示三八六旅：敌人打进来，你们要打出去！插到敌占区，把敌人从根据地牵回去！楚大明所率的二十团接受了这个釜底抽薪的任务，迅速插到敌人腹地长子县县城附近，准备攻击大堡头村的敌人。

10 月 18 日下午，楚大明跟随三八六旅旅长周希汉化装成农民，到大堡头据点侦察地形。大堡头背靠长子县县城，驻有一个伪军中队，还有伪保安队、区公所，正面警戒比较严。在随后的会议上，楚大明根据大堡头村的地形，提出建议：趁敌人背后警戒疏松，从西面围墙突进去，然后分兵两路打区公所、保安队和南北两个伪军碉堡。周希汉旅长当即同意了这个打法。

当夜 11 时，楚大明率领部队经过三十多公里的急行军，抵达大堡头。突击连迅速竖起梯子搭在围墙上，十多分钟后，几百人就悄无声息地进入了大堡头。楚大明指挥部队用土墙渗水的办法，不发出一点声响就凿穿了十几座院子的围墙，一条接近伪区公所的通道奇迹般地出现了。战士们轻手轻脚地把炸药运到南碉堡跟前，只听“轰”的一声巨响，碉堡和敌人被炸上了天。这是二十团在冀南平原长期作战中摸索创造出来的特殊战术。此时，北碉堡正打得激烈。北碉堡地处独立位置，建在开阔地上，伪军居高临下，拼命打机枪，掷手榴弹，一个连的兵力进攻了几次都未奏效，还伤亡了几个战士。楚大明迅速赶到北面碉堡，改变了进攻方式，他

长子战斗中，被俘的阎军纵队司令白映蟾（胸前有“Δ”标志者）

二十九团（左边方队）以中国传统的祭奠方式为老团长楚大明送行

指挥战士把五条厚棉被浸湿后捆绑在一张大方桌上，制成一辆“土坦克”。它非常厚实，机枪不容易打透，手榴弹也只能炸破一层皮。楚大明又挑选了四名健壮的战士，带上十字镐和炸药，用这辆“土坦克”作盾牌，在火力掩护下冲向敌人碉堡，不一会儿就接近了北碉堡。战士们在碉堡上掏了个洞，埋好炸药，点着引线以后迅速撤回。碉堡被炸开了一个大洞，突击班趁着烟雾猛扑上去，用柴草把碉堡点着，迫使伪军一个中队全部缴械投降。大堡头战斗胜利后，楚大明率部突袭了鲍店镇和马村等据点，协助兄弟部队歼灭敌人。日军的秋季“大扫荡”在太岳军民的联合攻势下，被彻底粉碎。

1944年11月，太岳军区授予楚大明“特等战斗英雄”称号。陈赓司令员非常喜欢手下这员虎将，赞扬他说：“太岳战将猛，首推楚大明。”

虎将神威震晋南

1945年8月，日本宣布无条件投降。蒋介石为抢夺抗战胜利果实，授意山西阎锡山以其第十九军军长史泽波率第十九军、第六十一军一部和部分伪军共一万七千人侵入八路军太行、太岳抗日根据地的腹地——上党地区（今长治市）。为了保卫抗战胜利果实，中央军委决定于9月上旬发起上党战役，歼灭进入上党地区之敌。八路军太岳纵队是上党战役的主要作战集团，三八六旅担任攻打长子县县城的任务，楚大明率领的二十团奉命攻打长子县县城西城门。

长子县县城位于长治西南二十五公里，这里城墙高筑，碉堡林立，敌军在主要地段埋设了地雷，易守难攻。当时，我军处于从游击战进入攻坚战的初期，弹药又很缺乏，要打这样坚固的城堡有相当大的难度。楚大明通过对地形和敌人工事的周密观察，有针对性地制定了用坑道接近敌人，炸掉城下的地堡和暗堡，然后集中炮火攻城的作战方案。随后，楚大明在连队之间和工事之间来回穿梭，亲自检查，组织火力，连哪门山炮压制哪个火力点，哪挺机枪封锁哪个城墙垛口都布置妥当。四面火力把长子县县城封锁得风雨不漏。9月18日19时，总攻开始了。长子县县城西城门的西北角先被炸开了一个豁口，随即楚大明率部猛攻。十分钟后，二十团攻下了西城门。入城后，楚大明命令部队采用逢房凿壁、遇墙掏洞的方法辟路前进，避开了敌人的火力和障碍，保证了部队的进展速度。二十团迅速占领了城内的钟楼制高点，有力地支援了兄弟部队。整个战斗于24时结束，太岳纵队共毙伤敌五百余人，生俘阎锡山挺进第二纵队司令白映瞻及其部下官兵一千五百余人。其中楚大明率领的二十团毙敌三百余人，俘敌六百四十三人。陈赓司令员在总结这次战斗胜利的时候，对楚大明挖洞穿墙的战术给予了高度评价。他说：“这是楚大明同志的一大发明，它可以减少伤亡，应当在攻坚战中推广！”在之后的老爷山截敌援兵战斗中，楚大明率部巧妙地迂回到敌侧后实施突击，打破了敌我僵持对峙的局面，促使阎锡山派来援助上党的敌军全线溃逃。在土落村、将军岭两次截敌作战中，二十团追得坚决，守得顽强，为大部队聚歼敌人创造了条件。

热血抛洒吕梁山

1946年11月，楚大明住院疗伤期间，胡宗南率部从临汾偷渡黄河，妄图

突袭革命圣地延安。中央军委命令晋冀鲁豫军区第四纵队和太岳军区部队，协同晋绥部队先后发起吕梁战役和汾孝战役，以保卫延安，保卫党中央。楚大明听到这个消息，在医院再也待不住了，伤口还未痊愈，就向医院领导提出马上出院参加战斗的要求。他经过和医生软磨硬泡，终于回到了部队。周希汉旅长心疼地责备他："怎么伤没好就跑回来了？"他笑呵呵地说："住院这个罪我可受够了，我这个人，躺在床上就会生病，让我行军、打仗，什么伤病都能好！"吕梁作战中，楚大明率部配合兄弟部队攻下蒲县、隰县，并将敌六十七旅诱进天罗地网。随后，楚大明部再次担任突击任务，带着一个连出其不意地占领了敌人的心脏地区，把敌军切成两半，配合主力部队，内外夹击，全歼敌六十七旅。

为扩大吕梁战役战果，晋冀鲁豫军区第四纵队和晋绥军区第二纵队根据中央军委命令，挥师北上，于1947年1月17日，发起汾（阳）孝（义）战役。汾孝战役中，十旅的任务是与十一旅共同攻打汾阳。我军首先攻克孝义后，阎锡山大为惊惧，急调部队三万余人，兵分北、中、南三路来援。此时，十旅奉命隐蔽在梧桐、西盘粮地区，准备伏击南路之敌。1月21日下午，敌军进入十旅伏击阵地，楚大明一声令下，战士们全线出击，敌人四散逃窜。楚大明率部紧追，先是活捉了阎锡山第三十四军副官处处长杨伦元，后又在追击过程中全歼阎锡山的第六十九师，俘虏了正在指挥所指挥炮兵射击的敌六十九师师长王熙明。次日，中、北两路敌人又遭重创，向平遥方向溃退。十旅和十一旅紧追不舍，将中路敌三十三军军长赵承绶部的七十一师、四十六师残部包围于中街村。

1947年1月27日夜，十旅指挥所里笼罩着总攻前的紧张气氛。旅长周希汉和副旅长楚大明轮流在指挥所值班。被安排在上半夜值班的楚大明坐立不安，他放心不下前沿阵地的敌情。周旅长检查完阵地刚踏进指挥所，他就焦急地迎上去恳求："旅长，让我也去前边看看吧。"周旅长看了一下表，对他说："总攻时间还早，心急吃不了热豆腐，睡一会儿吧。""不拿下中街村，我怎么睡得着啊！让我到前面去看看，一会儿就回来！"楚大明态度诚恳而坚决。"老楚，你要接受赵城的教训，注意隐蔽，快去快回。"周旅长深知他的脾气，再三叮嘱。楚大明高兴地答应了。他先到了二十九团（原三八六旅二十团）的指挥所，而后又深入到前线战壕。周旅长几次打电话叫他回去，他总是笑呵呵地说："再等会儿。"随后又到别处去了。

28日拂晓，冲锋号吹响，总攻中街村的战斗开始了。顿时，中街村周围枪炮齐鸣，喊声震天。此时，楚大明又来到了二十九团的阵地上。二十九团团长吴效闵指挥部队发起了三次攻击，可每次都是刚刚冲出土坎不远，就被敌人猛烈的炮火打了回来。吴效闵向楚大明报告："副旅长，敌人火力太猛，部队伤亡很大，冲不过去！"楚大明听后，双眉紧蹙，怒发冲冠，双眼死死盯着中街村。这时，天空中飞过敌人一串串炮弹，在二十九团阵地后面爆炸。楚大明见从二十九团方向已无法展开进攻，便猫着腰，沿土坎跑到二十八团，命令二十八团按预定计划发起进攻。交代完后，楚大明又赶回二十九团。二十八团冲了几次，仍未奏效。战士们刚跃出土坎，就被敌军密集的机枪子弹击倒。楚大明见二十八团冲了一阵没有效果，放心不下，又跑了过去。

楚大明眼见两个团的进攻连连受挫，顿时双目圆睁，猛地扯下帽子一甩，“呼”的一下站起身，发了虎性，大吼一声：“我就不信冲不上去！”说完就要亲自带队冲锋。大家见副旅长站了起来，要亲自率队进攻，一起冲上去把他按在地上。脾气火暴的楚大明，见大家按住他，怒气冲冲地说：“你们按着我干什么？赶快想办法进攻！”攻击的部队又一次被敌人猛烈的火力压了回来，楚大明心里一急，又猛然起身。“趴下！副旅长！”可是，已经晚了。两挺机枪同时向他扫射，四发子弹打中了他的胸部，鲜血喷涌而出。楚大明身体晃了一下，手捂胸部，倒在战友身上，带着无尽的遗憾停止了呼吸。“为副旅长报仇！”战士们怒吼着冲向敌群，同敌人展开殊死搏斗。

噩耗传到了指挥所，周旅长心如刀绞，失声痛哭。陈赓司令员在电话里听到汇报后，听筒掉在了窗台上，泪水夺眶而出。痛失良将，他难过得几个小时说不出话，整个作战室沉浸在无限悲痛之中。经过我军官兵浴血奋战，1947 年 1 月 29 日，汾孝战役结束。此役共毙伤国民党军一万两千多人，将山西国民党军压制到同蒲铁路沿线和晋中盆地，为此后在晋南地区展开战略性反攻作战创造了有利条件。战役结束后，第四纵队奉命返回太岳根据地，楚大明的遗体随部队回太岳区安葬。在三百里的风雪行军路上，十旅的干部、战士不愿与他们爱戴的虎将分离，都争着为楚大明抬棺扶柩。

1947 年 2 月 14 日，阴云苍茫，天地同哀，在山西沁源县畅村十旅旅部驻地，追悼楚大明会场上，挽幛飘动，一片缟素。十旅的方阵中，二十九团的队伍格外醒目，全体干部战士一律披麻戴孝，以中国传统的祭奠方式为老团长楚大明送行。楚大明被安葬在畅村前面高高的山头上。1947 年 3 月，第四纵队召开英模大会，再次授予楚大明“特等战斗英雄”称号，团以上干部两次获此殊荣，这在全军也是绝无仅有。1948 年 7 月 7 日，太岳区各界代表六千多人，在山西阳城烈士陵园为楚大明等革命先烈举行了隆重的追悼大会，深切缅怀他们为民族的解放事业建立的不朽功勋。为了更好地纪念和缅怀这位威震太岳的虎将，1953 年 3 月，楚大明烈士的灵柩被迁葬到华北军区烈士陵园，受世人的瞻仰和怀念。

（本文选自人民网）

长征中的徐特立

文/佚　名

徐特立是著名的教育家，对文化教育事业非常重视。在艰苦的长征路上，当时已五十八岁的他仍一丝不苟地教红军战士们学文化。

在行军途中，徐老想出了许多办法教战士们识字。他在前面战士们的斗笠上写几个字，就成为后面战士们的活动识字板，日子长了，战士们识的字也就多了。他叫先头部队把路边宣传鼓动标语牌上的字写大些，以便于战士们在行军途中辨识。他还教战士们学拼音文字。有些年轻女战士调皮地说："这是外国字，我们不学！"他耐心地解释："这是我们创造的拼音文字，是我们自己的，应该学习。将来我们的条件改善了，外国的语言文字也要学习嘛！"徐老鼓励女战士们不仅要做妇女革命的模范，而且要做文化的主人，这样才能在政治、经济、文化等方面，求得妇女的彻底解放。当部队停下来休息和宿营时，徐老要战士们以树枝作笔，以大地为纸，在地上写字。他风趣地说："那是取之不尽，用之不竭的呀！"朱德和康克清后来曾写诗称赞徐老："岁岁不忘歼敌事，朝朝只见诲人忙。"当中央红军进入贵州后，党中央准备建立以遵义为中心的川黔边革命根据地，在遵义建立了遵义县革命委员会，徐特立担任文化教育委员会委员。他十分关心当地的文化教育和知识分子，主动拜访了遵义教育界的知名人士，并热心抢救当地文化遗产。

有一天，徐特立去拜访当地书法家王石珊。他刚刚跨进大门，就见堂屋里四壁通红，火光闪亮。徐老放眼望去，看见几个年轻的红军战士抱出几大捆书当柴火烧。徐老见了又痛心又生气，当即制止他们，并从火堆里抢出了几本书。有个红军战士不解地问徐老："保存这些老古董有什么用？""怎么没有用？"徐老举个简单例子说，"我们红军从江西出发，过湘江，渡乌江，占遵义，我们原来哪知世上有这些地方？这些知识不都是书本告诉我们的吗！"年轻战士听后，知道做错了，赶快把书抱回去放在原处。

烧书一事，引起了徐特立的严重注意。他立即采取保护性措施，赶到遵义县革命委员会打了许多封条，把各家的藏书封存起来，并准备集中起来统一保存。

作为教育家的徐特立，爱书如命，

徐特立

徐特立

即使在艰苦的行军途中也是如此。有一次，为了保护随身带的书籍，他流下了眼泪。红军二渡赤水河后的一天黄昏，徐特立所在的总卫生部干部休养连来到一个小村庄宿营。兼任过干部休养连连长的何长工，站在村口一棵大树下，十分焦急地向山径小道眺望，等着掉队的徐老。不一会儿，徐老牵着马走过来，摘下军帽，擦了一把汗，抬头看见何长工紧绷着脸，心里不由得有点紧张，就抢先招呼说："小老九，你们到了好久了吧？哎，我这小马调皮，不肯走！"

何长工因受周恩来副主席的委托，经常关心、过问休养连的事。他生气地说："你又迟到半小时，给你马不骑，驮那么多书，这不行！"原来贵州山道难走，他特意给徐老换了一匹小马，身子虽矮，可是结实耐走。人骑在小马背上，任它在山道上蹒跚，也不会掉队。可徐老不骑马，而是把从瑞金带出的和沿途搜集的一百多本书驮在马背上。干部休养连当时也有几位老同志用马驮书，成了何长工最头痛的事。行起军来，都是书骑牲口人步行，总是走不快。何长工觉得书是个大包袱，这次决心以徐老为"典型"，非扔掉这个包袱不可。

"我下次起早点儿，保证不再迟到了。"徐老自知理亏，先自我检讨。

"不行，我要从根本上解决，烧你的书！"

"什么？烧书？烧不得，烧了我跟你拼命！"徐老急了，跑过去护住马背上的书。

"烧是烧定了！今天烧了，将来打下大城市我再来赔你！"

"靠不住，小老九，你被打死了怎么办？我找谁要书去？你可以批评我，但不能烧书！"

见他俩争执着，与徐特立同在干部休养连的董必武、谢觉哉两位老同志也都围了过来。何长工从马背上抢下一摞书，挽起袖子，大声宣布："同志们听着，我今天要烧徐老的书了，省得他掉队，你们的书也要烧。警卫员，拿洋火来！"徐老真急了，跳了起来，又嚷又叫。他嗜书如命，眼看真要烧他的书，徐老动了感情，几滴眼泪淌了出来。

董老、谢老见此僵局，拿出了折中的主意："长工，这样吧，烧一半，留一半，给点厉害，也留点面子怎么样？"何长工仍很坚决："全烧！不烧掉书，徐老再掉队，我脖子痒哩！"他用手在脖子上做了个砍的手势，把大家都逗乐了。

大家记得，周恩来跟何长工交代任务时，曾严肃而风趣地说过："这批老人，是我们党的宝贵财富，你要对他们的安全绝对负责。如果他们在，你也在，那就皆大欢喜；他们在你不在，我追记你为烈士；如果他们不在，你在，我就要砍你的头！"

董老、谢老再也不好张口了。徐老仍在又嚷又求，抱住那些书籍不松手。突然，何长工"噗"的一乐，宣布道："一本都不烧！叫警卫连的每一个战士给你背两本，不比你一个人驮着保险？"

徐老长长地松了一口气，把书解开。何长工两本两本地把书分发给了警卫连的战士们保管。从此，徐老再也不迟到了。到陕北后，何长工把书集中起来，一本不少地交还给了徐特立。

（本文选自《解放军报》）

陈云忠——“飞夺泸定桥”的幕后英雄

文／刘银艳　谢祝安　刘骄男

陈云忠，四川古蔺人，1914 年 10 月出生，1935 年 2 月参加中国工农红军，1936 年 6 月加入中国共产党，1965 年 8 月离休。历任侦察兵、勤务兵、青年干事、班长、排长、晋察冀一军分区三团八连连长、中国人民解放军第四十六军一五九师四七六团一营营长、新化县兵役局局长和邵阳军分区副参谋长等职。参加了举世闻名的二万五千里长征。1955 年被授予上校军衔，荣获三级八一勋章、三级独立自由勋章、三级解放勋章各一枚。1988 年被授予二级红星功勋荣誉章。

“飞毛腿”当骑兵也很出色

采访陈云忠，花了两个上午听他讲故事。陈老记忆的闸门被打开，宛如打开了最丰富的宝藏，里面有各种惊险，有各种电影般的情节。他甚至中途不需要休息，他说是年轻时当侦察兵和勤务兵练就的好体魄。故事就从飞夺泸定桥时陈云忠当侦察兵说起。

“我 1935 年 2 月参加红军，参军后就到了侦察连，是中央红军红一军团第二师侦察连，5 月，我担任了飞夺泸定桥前夕的侦察工作。”

飞夺泸定桥经典一役，让人们记住

了红一军团第二师第四团的勇士，殊不知，这也离不开二师侦察兵们对地形与敌情精准的侦察。

“飞夺泸定桥前夕，作为侦察连，我们要先期而动。我有一双新布鞋，一直舍不得穿，可连长说，这次路途远，革命的双脚要保护好，我就把布鞋穿上了。”

就这样，左边是悬崖峭壁，右边是波涛汹涌的大渡河，陈云忠和战友沿着曲折的羊肠小路行军五十多公里后，来到一条夺取泸定桥的必经之路。路很陡，山顶和隘口上都筑了碉堡，约有一个营的敌人把守。陈云忠通过仔细侦察发现，爬到左面的悬崖上，可包抄到敌人的侧背，来个前后夹击才能取胜。

后来在增援部队的配合下，红军一部分部队在前面佯攻，一部分从左边爬上悬崖，前后夹击。敌人一看这架势，很多都跑了。“那次我们活捉了一百多人，当时我还想弄一双俘虏的鞋，真皮做的咧，可时间来不及了，因为我们要火速赶往泸定桥去侦察。”

“当侦察兵比较辛苦，部队在前面需要你侦察敌情时，你要去，后面需要你殿后打掩护时，你就得留下来。”陈老说，打掩护就是阻止敌人的追兵，但不要恋战，只要大部队转移了，他们也要赶紧去找自己的部队。

“当了一年的侦察兵，练就了一双‘飞毛腿’，草鞋不知道磨破多少双，那时候就想，要是能骑马该有多好。”

真是想瞌睡就遇到了枕头。1937 年 9 月，陈云忠随红一方面军（曾称“中央红军”）改编的八路军一一五师东渡黄河走上抗日前线不久，就当上了晋察冀一军分区司令部的骑兵班班长。

“骑兵班负责护送整个军分区的领导出行，要保证他们的安全，特别是护送领导去汉奸或土匪多的地方，更是要时刻保持警惕。”侦察兵出身的陈云忠，机灵而细致，没出什么岔子。“军分区司令员杨成武还多次表扬过我。”

“当骑兵班班长时，经常要训练战士骑马的技能，解放天津后，就改成训练士兵怎么走田埂路了。”冷不丁，陈老又说起一件趣事。原来，1948 年底，陈老所在的部队在完成平津战役中的天津攻坚战后，沿河北、河南一路南下，来到湖北孝感，住了一个月。在这里，他们这些来自南方的士兵，又担负起专门训练士兵走田埂路的任务，“部队士兵大多是北方人，不会走田埂，常常走着走着就掉到田里去了。这是在为渡江南下做准备了。”

泸定铁索桥

勇将做群众工作也是好手

陈老很健谈，也很随和。“也许这是长期从事青年工作和群众工作练就的基本功吧。

搞青年工作，要随时找他们谈心，做群众工作没有诀窍，就是要让他们觉得你是真心为他们好。”

1936年初，正是中央红军胜利到达陕北革命根据地不久，陈云忠有了他的第三个革命“岗位”——红一军团训营学校学员。“训营学校招了一百多人，基本上是性情开朗活泼又善于与人打交道的学员，作为各团政治处青年干事培养的。”陈云忠说，由于红军在长征途中减员比较严重，到达陕北后，部队有所扩大，到1936年8月底，红一方面军连同地方部队已发展到三万余人。“这些年轻的战士，需要有专职的青年干事做思想工作，引导他们遵守群众纪律，就像现在的大学生需要学生辅导员一样。”

在训营学校，群众工作纪律讲得很多，也讲得很细，包括宿营时不能打扰群众、买东西要给钱、不能随地大小便等。“战士若违反了群众纪律，就要受到严厉的处分，起码关三到五天禁闭。”陈云忠说，这些纪律，其实都是红军在苏区和长征期间的经验总结。长征一开始，红军就明确了要争取群众的基本任务，建立了连队地方工作组，从连长、连指导员，到排长、班长，都要负起宣传与争取群众的责任。“我参加红军，也是因为红军来到我家乡后，他们的行为打动了我。”

“长征时，我们既要与敌人打正面战争，也要打心理战。”原来陈云忠每到一地，都会看到国民党在老百姓墙上涂抹的宣传画，上面把红军画得龇牙咧嘴，还有“共匪”“赤匪”之类的反动标语。“而我们红军就要用实际行动去感化群众，让他们相信红军是好的，是工农群众自己的军队。”

“群众工作做好了，部队的粮食就有保证了。”在晋察冀一军分区，因为部队驻扎在山区，粮食本来就不多，最紧张的时候，要跑到平原地带的敌占区去筹措粮食。“这就要靠我们的同志，在无数个晚上对敌占区群众去做大量细致的工作。”同时，八路军在晋察冀边区打日军、平匪患，也建立了良好的群众基础。

而穿越敌占区封锁线运粮，就像一部斗智斗勇的电影。“日本人早就围着山脚挖了封锁沟，隔断我们往山上运粮的路，我们就要找他们的薄弱环节。”有一次，陈老他们准备从一队伪军把守的碉堡前运粮。正好有个群众给伪军当厨师，于是，几个枪法好的战士跟着厨师混进了碉堡，把十几个正在打牌、抽大烟的伪军控制住。这一边，他们请来的群众抓紧填沟平路。等三十多辆运粮大车安然通过后，他们才让伪军放了几排空枪。

（本文选自《湖南日报》）

皮定均和他麾下的英雄传奇

文/管　飞

皮定均

皮定均，我军一位具有传奇色彩的著名战将。他十五岁参加红军，历经土地革命战争、抗日战争、解放战争、抗美援朝，战功赫赫，1955年被授予中将军衔。自古强将手下无弱兵，在战场上，将军和他的麾下创造了一个又一个英雄传奇。

“皮旅”一战成名

提起皮定均，人们就会想起“皮旅”；提起“皮旅”，也不能不想起皮定均。“皮旅”之所以闻名，缘于中原突围。

1946年6月，中原大地硝烟再起，国民党军调集重兵，首先向中原解放区发动进攻，企图在四十八小时内全歼中原解放军。敌强我弱，军情万分危急！中央命令中原部队立即突围，越快越好。中原军区也立即做好了主力向西突围的部署。主力突围，谁来断后？这个艰巨的任务落在了中原军区第一纵队第一旅，也就是“皮旅”的肩上。但大家心里都明白，这是在万般无奈的情况下所采取的丢卒保车之举，让区区一个旅几千人的兵力面对几十万之众的敌人，如果不发生奇迹的话，“皮旅”难有生还之理。

然而奇迹发生了！“皮旅”不仅成功地完成了掩护主力西进转移的任务，居然还在敌军几十万兵力的紧逼下安然脱身。皮定均率领“皮旅”一反常规，孤军东征，以机动灵活的战略战术和不怕牺牲的英雄气概，突破敌军的封锁包围和堵击，强攻松子关，智取青风岭，抢渡淠河，胜利越出大别山，辗转二十四个昼夜，行程一千五百余里，大小战斗二十三次，以“还是一个旅，五千人”的建制胜利到达苏皖解放区。皮定均和他的“皮旅”创造了人民解放军战史上的一个杰作。

中原突围，“皮旅”名震华夏！

1946年8月4日，延安《解放日报》发表头条新闻“突破蒋军包围追击中原东进我军一部胜利抵达苏皖边区”。文章刊载此胜利突围消息，并以“谨向皮定均将军所部致敬”为题发表社论。

毛泽东主席更记住了皮定均和他的“皮旅”。1955年人民解放军授衔时，毛泽东主席记起当年中原突围之事，特别批示：“皮有功，少晋中！”由此留下了一段佳话。后来在“九大”期间，毛泽东主席同皮定均谈话，在讲到他赞成“一不怕苦，二不怕死”口号时说：“如果怕苦怕死，革命是搞不出名堂来的。就是要有像你中原突围那样冲锋陷阵的拼命精神！”

“李向阳”威震敌胆

电影《平原游击队》和“李向阳”的名字可以说家喻户晓，但鲜为人知的是，他们和皮定均有莫大的关系。

“李向阳”的原型是郭兴。郭兴年仅十六岁就当上了平顺县公安队的代理队长，小小年纪便已显示出过人之处。一次，时任太行军区五分区司令员的皮定均到平顺县检查工作，偶遇郭兴，一眼就相中了这个浑身都透着机灵劲的小伙子，便立刻把他调到自己身边工作。当然，皮定均把郭兴调来是有自己的考虑的。当时正处在抗战的相持阶段，八路军各部遵照总部指示，纷纷组织武工队，深入敌后发展游击战争。皮定均已在心里打定主意，太行五分区武工队队长由郭兴来当。

就这样，一个十六岁的懵懂少年在皮定均的安排下开始了敌后武工队队长的生涯。在当时极度困难的情况下，皮定均只给郭兴的武工队配备了两支步枪、五发子弹、八颗手榴弹，还有三名队员，但给郭兴布置的三项任务并不轻松：一是一年内部队要发展到七十到八十人；二是要缴获一百支步枪；三是要消灭一百零五个敌人。为什么是一百零五个敌人呢？一百个是伪军，凑个整数，另外五个要的是日本兵。郭兴牢牢记住了皮司令的话。

后来的事实证明，皮定均的确是慧眼识才，郭兴也不负众望。郭兴的武工队第一次行动就夺了三支枪和九十发子弹，首战告捷大大增强了郭兴的信心。八个月过去了，郭兴的武工队由起初的三人发展到六十余人，消灭伪军一百多人，还缴获步枪一百一十多支、机枪两挺。但消灭五个日军的目标还没有完成，怎么向皮司令交代呢？

眼看一年的期限就要到了，郭兴有些按捺不住，决定化装成日军小队长，勇闯敌营，主动出击。最终郭兴完成了皮定均布置的任务，也受到了皮定均的表扬。后来的故事更加精彩，就像电影里演的那样，飞车抓日军、夜炸洋桥、火烧城隍庙、西王庄截粮、攻打高家庄等。在郭兴的领导下，武工队立下赫赫战功，被晋冀鲁豫军区授予“郭兴模范武工队”称号，并受到刘伯承司令员、邓小平政委的通令嘉奖。郭兴被授予“一级杀敌英雄”称号。

抗日战争后期，新华社记者朱穆之随武工队采访，写出长篇通讯《人民的旗帜——记太行群英会郭兴模范武工队》；中华人民共和国成立后，作家李晓明对郭兴领导的敌后武工队的战斗事迹进行了深入的采访，创作了小说《平原枪声》；1955年，长春电影制片厂以小说为蓝本，拍成电影《平原游击队》。

自此，抗日英雄“李向阳”的故事传遍了祖国大地。

张桃芳毙敌二百一十四名

在抗美援朝战场上，皮定均的麾下出了一位全军著名的战斗英雄张桃芳。

时任二十四军军长的皮定均率部来到朝鲜战场时，战争已进入阵地战阶段。为限制敌人的行动自由，打击敌军的嚣张气焰，志愿军开展了群众性的冷枪活动。二十四军到达阵地后也立即行动起来，以冷枪狙击敌人，战士们戏称是“给敌人关禁闭”。

一个月后，战报出来了，皮定均看到其中的一组数据大为震惊：七十二师二一四团三营八连战士张桃芳，在二十二天时间里以二百七十四发子弹毙敌七十一人。在这么短的时间里取得了如此辉煌的战果，何况还是一个刚入伍一年的新战士，这简直让人不敢相信。皮定均决定派人去探查一番。他从床底下拿出一双皮暖靴，对作战参谋说：“把它带上，去八连看看那个张桃芳，一连看他消灭三个敌人就送给他，要是假的，拿回来。还要给他的连长、营长、团长处分！”参谋领命而去，在前线亲眼看着张桃芳接连消灭三个敌人后，参谋彻底相信了。他把皮暖靴留给了张桃芳，并告诉他这是军长送的，回来后向皮定均复命。皮定均坐不住了，他要亲自会会这位张桃芳。当着军长的面，张桃芳用六发子弹打下五只小鸟。皮定均信服了，他为自己的部下有这样的神枪手感到由衷高兴，勉励张桃芳多杀敌人。

张桃芳没有辜负皮定均的期望，在之后的一段时间里，他的歼敌纪录不断上升，名声也越来越大，成为享誉全军的战斗英雄，并被邀请回国出席在北京举行的第二届全国青年代表大会。听说张桃芳要回国，皮定均决定再见一次张桃芳。张桃芳得到通知，背上那双皮暖靴就来了，皮暖靴里装满了子弹壳。

“你怎么把它背回来了？”皮定均惊异地盯着那双靴子。

张桃芳把靴子放在桌上，靴子里发出很大的响声。陪同前来的干部在一旁解释说：“这是他打死敌人的记录。每打死一个敌人，就把那个弹壳保存起来。”

“一共多少？”

“二百一十一个。”

“你打得很不错，可你没打出名堂来。”

军长的话让张桃芳有点蒙。看他一脸茫然，皮定均接着问：“你们团的番号是多少？”“二一四团。”“对，二一四团，你要打二百一十四个敌人。再打三个，一个也不要多，一个也不要少。”

原来是这样，张桃芳心里释然了，他二话没说，又回到狙击阵地，一小时后他打死了三个敌人，返回军部后把三个子弹壳放在了桌上。皮定均满意地笑了。

张桃芳单人毙敌二百一十四人，创下了抗美援朝战场上冷枪狙击射杀敌人的最高纪录。张桃芳荣获“特等功臣”“二级英雄”称号，并被朝鲜民主主义人民共和国授予一级国旗勋章。

皮定均和他的麾下在抗美援朝战场上又创造了一个传奇。

（本文选自《解放军报》）

七星岗大捷

文／胡家梁

番禺南地区人民抗日武装连续袭击日伪军，获得了重大的胜利。在这样的形势下，1944 年 10 月，广游二支队番禺大队决定建立抗日民主政权。在根据地实行民主选举，选出了乡长、村长，领导人民进行抗日革命斗争，并把各乡群众武装统一编为人民抗日自卫队、常备队。这些民兵组织，在禺南地区共有十六个中队一千多人。各民兵组织积极配合部队作战，规定凡遇敌、伪、匪到乡村骚扰、抢劫，即鸣锣为号，一方有事各方支援，共同抗击敌伪和土匪。

1945 年 1 月 25 日晨，李朗鸡的伪护沙总队的一个集训大队一百多人由大队长单景云带领进犯南村、市头，借收租捐，乘机劫掠民财。

当时，广游二支队番禺大队由大队长戴耀带领一个中队驻在南村，获情报后，他立即命令部队做好战斗准备，并迅速派了一个机枪班登上设哨的小山，阻击敌人进入南村。战斗打响后，民兵常备队立即鸣锣报警，一时锣声四起，附近民兵立即集合参加战斗。

锣声传到大江南附近，郑少康、冯剑青、陈庆南立即带领支队主力奔赴战场，一部从敌人背后堵截，一部从中间插向敌人。冯剑青带领部队登上附近小山，对敌射击，一枚掷弹筒炮弹击中了伪军行列的中间，把伪军行列分为两段。一段伪军被我军追击，狼狈逃往市桥；另一段几十个伪军被我军截住，匆忙爬上七星岗，企图顽抗。这时戴耀带领蔡耀中队从东南方包抄，陈庆南带领吕珠中队从西北方包抄，各乡村民兵擎着各式旗帜，一队一队随着二支队战士包围山上的伪军。参战的民兵有南村各坊、大石、会江、草塘、诜墩、丹山等常备队约一千人。草塘村民兵林润良这天刚好结婚，当他听到警报声响，立即脱下挂红，拿起钢枪参加战斗。“打倒李朗鸡！”“打倒日本仔！”“冲啊！杀啊！”口号声、喊杀声此起彼伏，攻势犹如排山倒海。

伪军被二支队和民兵紧紧包围在七星岗北峰山坳的蔗林里，动弹不得。部队为了阻击由市桥出来的增援伪军，决定不在白天结束战斗，等待晚上摸营。

入夜，北风呼呼。七星岗山坳的蔗林沙沙作响，困在林内的伪军已无法指望援兵解救了。林外，冯剑青、戴耀、陈庆南分别率领战士们乘夜进攻，冯剑青一个掷弹筒投出炮弹打在敌人的阵地，作为发动总攻信号。霎时，“缴枪不杀！”喊声四起。被困的敌人，又冷又饿，纷纷弃枪举手，成为俘虏。

经过整整一天的战斗，二支队把伪集训大队打得落花流水，共毙伤六十多人，俘虏三十五人，缴获步枪五十余支。里仁洞民兵李浩英勇牺牲。

为了防止敌人的报复，二支队番禺大队一部由大队长带领转到桥山驻防，另一部与支队部由郑少康、冯剑青带领驻防大江南。

第二天早晨，李朗鸡果然派出伪军六百余人向二支队反扑。敌人从大龙圩、山门村两路夹击桥山村戴耀部。戴耀当即率领部队与附近的民兵常备队配合共同反击，10时左右，敌人登上了山门村后山。由于敌众我寡，为防止被包围，部队边打边退，向南村方向转移。当撤至南村附近，发现距敌不远，为不让敌人抢先占南村，即派一小队冲进南村，同时占领通往员岗、大山、坑头交叉路旁的山冈。战士们英勇冲锋，一边阻击敌人，一边占领山头。

另一路伪军三百多人，也于当天清晨向南村、板桥、樟边等乡村进犯。陈庆南率领数百常备队战士占领大南岗及附近各高地，英勇打击来犯之敌。战斗一直持续至下午3时，敌军见势不妙，不得不窜回市桥。

第三天无战事。第四天李朗鸡布置山门、潭山、曾边等伪联防队三百多人，携带小钢炮、轻重机枪以及精良步枪分三路向南村进攻。

上午9时许，一路伪军约一百人从南村东南方进攻。守卫在恒美坊碉楼上的十名民兵坚决还击，顽强战斗，打退了伪军的三次冲锋。12时许，敌人向民兵阵地连发十炮，碉楼被三发炮弹击中，而碉楼仍坚固不塌。敌人借助炮弹又发动了第四次冲锋，仍被我英勇的民兵击退。当时民兵只有九支七九步枪、一挺不能连发的轻机枪以及为数不多的子弹。在战斗中村民为民兵搜集七九子弹；村民邬窝九在自己家里为民兵做饭；一个老姑婆知道民兵缺枪油，马上在家里拿出一瓶生油交给民兵。坚守阵地的民兵受到莫大鼓舞，斗志倍增。伪军屡攻不下，至下午4时许灰溜溜地撤走了。

从东北方进攻南村东源坊的一路敌人，分别是曾边村土匪曾六（蜢脾六）带领的数十人，配有勃朗宁机枪一挺，占领南村夹木岗；潭山许雄（恶头雄）、山门村李细，以及苏坑村的土匪近一百人，配有哈开斯重机枪一挺，还带有麻绳扁担（准备攻入南村后作抢掠财物的搬运工具），占领南村松岗。两股敌人从夹木岗和松岗向南进攻。坚守东源坊碉楼阵地的民兵只有八人，面对十数倍的敌人，他们沉着应战，击退了敌人的多次进攻。坚持至下午2时许，陈边村十名民兵带着一挺机枪来支援。敌人又展开了几次进攻，都被英勇的民兵打退，最后也撤退了。

从正南面进攻南村晋胜坊这一路伪军有一百多人，坚守碉楼的民兵只有八人。这一路战斗激烈，碉楼经受了二十多发炮弹的攻击，民兵英勇顽强，打退了敌人的八次冲锋，守住了阵地。

在南村保卫战这天，南村的部分民兵和草塘、鹤塘、板桥等村庄民兵，以及由二支队余民生从小谷围带来的民兵三百多人，一起登上大南岗，抗击从市桥来的两百多名伪军，控制住市（桥）新（造）公路。余民生带来支援的民兵，分别支援南村两个炮楼。他自己带着几个战士及一支冲锋枪，走遍各个阵地，对战斗胜利起了重要的作用。

七星岗战斗，历时三天，先后来敌一千七百多人次。我方参加战斗的除二支队番禺大队外，参战民兵来自六十多个村庄共两千多人。部队和民兵在最大程度消灭敌人的总目标下，各自为战。部队指挥员郑少康、冯剑青、戴耀、李冲、陈庆南等，穿梭于各个战线，在各个战场上灵活指挥；各乡村的人民群众，自动自觉，积极支援前线；部队妇训班主任巢健组织各村妇女儿童，担负战地送茶、送饭、运送子弹及晚间站岗放哨等工作。

七星岗战斗时间长，规模大，是番禺地区对敌斗争中少有的。是役，李朗鸡伪军死伤逃跑三百余人，被击毙的人中有大队长一名、中队长一名，被俘三十五人，炸坏炮一门、机枪七挺。

（本文选自《广州抗战纪实》，广东人民出版社出版）

血战大鱼山岛

文／赵　畅

2000年年底，我听曾任原广州军区政治部文化部部长、空军第二师副政委的万正同志说起一则往事。那是一场发生在大鱼山岛的战斗，共击毙日军五十多人、伪军三十多人，还打伤日伪军八十多人。虽然此役算不上一场大战，但提到指挥战斗并英勇牺牲的严洪珠，万正同志激动的心情久久不能平静。

严洪珠是浙江上虞崧厦镇严巷头村人，八岁时，他就被父亲带到了上海，供他读书。平日沉默寡言的严洪珠，很是珍惜这样的读书机会，时常在微弱的灯光下做作业。后来，他的眼睛渐渐近视，早早地戴上了近视眼镜。好景不长，随着父亲失业，他亦只好一道返乡。

“因为严洪珠读过书，肚里有墨水，加之从小就在心底里播下了对侵略者的仇恨的种子，因此他与我一起于1938年冬考入了浙江上虞县第二届战时政工队，做抗日救亡宣传工作。”正是由于一起参加革命工作，万正结识了同乡人严洪珠。

其时，政工队虽属于国民党县政府建制，却是受中共上虞县工委控制和领导的。那段时间，严洪珠认识了许多革命同志，思想上开始接受革命的洗礼。1940年4月，由万正介绍，他加入了中国共产党。次年，严洪珠与万正又一起参加了新四军。严洪珠被分配到浙东纵队海防大队一中队当指导员。

1944年5月，浙东游击纵队政委谭启龙、司令员何克希向海防大队提出了“开辟海上隐蔽的游击根据地”的指示。海防大队经过对沿海岛屿的侦察和部署，决定由副大队长陈铁康、中队长程光明和指导员严洪珠带领第一中队共六十四人去舟山群岛北部的大鱼山岛开辟抗日根据地。

大鱼山岛，其实并不大，它只是一个孤岛，长六公里，宽一公里。因形状像鱼，故名“大鱼山”。岛上共有十五个村庄，一千多人口，家家户户以打鱼为生。8月21日凌晨，部队抵达大鱼山岛。为防止岛上敌军顽抗，部队迅速布置了警戒任务。盘踞在岛上的敌人系舟山保安总队大洋山独立中队俞康祺部的一个分队，有七八个人、三四支枪。可让我部没有想到的是，22日晚上驻舟山群岛的日军早早从伪军提供的情报中获悉了我部登陆大鱼山岛的消息。于是，日军迅速调集人马，准备立体进攻，一举歼我第一中队于孤立无援之中。

一场恶战马上开始。敌人参战的部队有日军两百多人、伪军三百多人。25日凌晨，大鱼山岛上空出现了低空盘旋的两架日机。很快，我部哨兵又发现海面上出现了日军五艘小汽艇、五艘机帆船、一艘登陆艇和一艘标号为“105”的大型战舰，正气势汹汹地朝大鱼山岛扑去。

面对这突如其来的状况，陈副大队长感到情况危急，他一面下令做好战斗准备，一面召集干部商讨对策。大家一致认为：事实就摆在面前，敌人正是利用了大鱼山岛是孤岛的特点，既无处躲藏又无法转移，因而才会实施立体战术，必欲置我部于死地而后快。部队的唯一策略就是自断后路，坚决反击。很快，中队指导员、党支部书记严洪珠向部队作简要战前动员。按照部署，由三位干部分别带领战士抢占了驻地附近的大岙岗、湖庄头、打旗岗三个制高点。其中，严洪珠负责守卫打旗岗制高点。

日伪军到达指定地点后，开始对我部阵地实施疯狂的进攻。他们一边用飞机低空扫射、用战舰炮火轰击，以压制我部阵地；一边则有意避开我部的正面阻击，从大鱼山岛南北两头强行登陆，向我部多路夹击。不仅如此，他们还焚房抢人，胁迫群众带路。其时，负责守卫打旗岗的严洪珠和战士们最先发现日伪军登陆。于是，他们集中火力，实施猛烈的射击，一下就打死、打伤日伪军多人。随后，日伪军又组织了更密集的炮火进攻，并驱使伪军打头阵。见状，严洪珠发起了政治攻势：“中国人不打中国人，不要为日本佬卖命！”当日军如赶鸭子一样逼迫伪军向我军冲锋时，严洪珠见我军与日军相距只有十米左右，当即下令开枪，顿时将日伪军打得呼天抢地，纷纷溃退下去。

经过两次的溃败，敌人气得发狂。他们重整旗鼓，在炮火的掩护下，实施分割围攻。然而，在我军奋不顾身、英勇顽强的还击下，三个阵地依然被我军牢牢控制。利用鏖战间隙，大家一面掩埋牺牲了的战友的遗体，一面加紧修筑工事。严洪珠则在安顿重伤员的同时，开始检查弹药，见弹药已剩不多，他便让战士们准备石块。

下午1时许，日军改全面进攻为逐个击破的战术，将第一个主攻目标定在打旗岗。当几百敌人进攻时，当炮火和

1944 年 9 月，刊登在新四军浙东纵队《新浙东报》上的反映大鱼山岛战斗的连环画

子弹像雨一样散落时，严洪珠和战友们阻击的危难，可想而知。在几次成功地阻击敌军的进攻后，严洪珠受了伤，战士们也纷纷倒下。当大家的弹药将要耗尽时，严洪珠竟拖着受伤的身体，强忍伤痛，爬过去把牺牲的和受重伤的战士们身上的子弹带解下，分给大家。

这时捍卫阵地的一个排只剩下六名战士，且都已不同程度负伤。此时，敌人的炮火又发出刺耳的呼啸声，新一轮进攻又要开始了。严洪珠对战士们说："子弹、手榴弹用光了，我们还有石块；石块砸完了，我们还有牙齿。"在严洪珠的感召下，战士们打退了敌人的又一次进攻。只是，此时阵地上仅剩下了四名战士。见状，严洪珠命令其他三位战士赶紧撤退。就在三位战士撤退不久，他们便听到了敌人再次进攻的隆隆炮声和歇斯底里的吼声，很快，他们又听到了指导员严洪珠的驳壳枪声——他是在为掩护战友阻击敌人。又过了一会儿，只听得驳壳枪啪的一声单发，敌军叫嚣着冲上了山冈。原来，那最后一声枪响，是指导员严洪珠向战友们报告，是他战斗到最后一息的枪声。

1944 年 9 月 7 日，延安新华总社播发了一条《气壮山河的大鱼山战斗》的消息，以纪念此次战斗，其内容是：8 月 20 日，浙东海防大队一中队在浙东大鱼山岛遭日军陆海空军及伪军五百多人的进攻，敌人与我兵力是 8:1。我军勇敢战斗，全队指战员伤亡过半。指导员严洪珠多处负伤，最后他们打光子弹，砸烂所有武器，集体跳海。严洪珠则用最后一颗子弹，以身殉国。

（本文选自人民政协网）

叶飞宁阳三缴日械

文／侯中兴

1945年11月10日，原苏浙军区副司令员叶飞被任命为刚刚组建的新四军第一纵队司令员，奉命率部北进。1946年1月7日，中央军委决定成立山东野战军，部队划归建制，并按照命令进驻津浦铁路线山东泰（安）兖（州）段。

当时，在宁阳县华丰地区驻扎着日军华北方面军第十一独立警备队，司令官洼田武二郎少将，辖六个大队，共三千余人。他们接到国民党密令，准备到济南缴械。叶飞司令员当即命令第三旅迅速占领大汶口以北有利阵地，阻止包围北撤之敌，迫其缴械。

叶飞司令员亲自出马，在宁阳县东庄乡南故城村与五十七大队大队长海野谈判。他语气坚定地说："你们已经投降了，按照《波茨坦公告》，你们必须向我们缴械，别无选择！"

海野见叶飞司令员态度坚决，只好表态："我们只能留下五百支枪，一批子弹和四十挺机枪。"叶飞立即将谈判结果向山东野战军司令员陈毅作了汇报。陈毅担心如若我军强攻，煤矿会遭受战火破坏，便指示说："这次谈判适可而止，先放他们撤退，再在途中进行拦截……"

1937 年，叶飞同志在闽东红军时期

新四军第一纵队在宁阳缴获的大量日军军械

叶　飞

1月23日清晨，日军集中部队和几十节车皮的军用物资在离华丰西十几华里的东太平庄附近集结。叶飞当即令一纵二旅将其包围，又和日军进行了第二次谈判。

这次，叶飞派出二旅参谋长冯少白前往。洼田武二郎让他的副官出面商谈，自己避开了。冯少白见日军在耍滑头，就怒斥道："如果不把这四十几节车皮的武器交出来，我们就按国际法将你们就地俘虏。"最终，洼田只得照办。

叶飞把谈判情况电告陈毅司令员。当晚，陈毅便命令第一纵队继续追击敌人，把日军的轻武器全部缴下。于是，叶飞亲自率领部队，在茫茫夜色里向大汶口北面的泰安方向追去。

1月25日早晨，跟踪追击的第一纵队第二旅的指战员将日军又包围在北集坡以南、北大吴以北的洼地。第三旅的七团、八团也早已奉令从泰安南下，挡住了敌人前进的道路。叶飞再次安排冯少白与日军谈判。洼田听到我军要他们缴出全部轻武器，显出很为难的样子说："我们给的武器不少了，剩下的要上缴给国民党，不然我们难以交账！"

一时半会儿没谈出结果来，叶飞决定再对日军施以重压，便让冯少白传话说："我们已经占领了附近的山地，并控制了这里的水源。你们只有缴械，别无出路！"洼田向四周一看，绝望地命令部下放下了全部武器。

就这样，新四军第一纵队共收缴日军野炮十一门，步兵炮两门，迫击炮三门，掷弹筒四十七只，重机枪二十五挺，轻机炮三十一挺，步马枪八百支，各种炮弹三十多万发，手榴弹四千一百四十颗，坦克两辆，汽车三十七辆，以及通信设施、炸药、被服等大宗军用物资。这些装备在以后的解放战争中，为我军最终夺取胜利发挥了重要作用。叶飞三缴日军军械，成为宁阳流传至今的佳话。

（本文选自《解放军报》）

叶飞将军故居

胶东突围
——三昼夜中奇特的战斗故事

文/李　超

胶东突围前总的形势

1947年7月到9月，我军转入战略进攻。晋冀鲁豫野战军主力跃进大别山；华东野战军外线兵团挺进豫皖苏边区，内线兵团留在山东的胶东地区作战。蒋介石为了迅速结束山东的战事，以便转移兵力他用，制定了一个所谓“九月攻势”计划，以五个整编师共十六个旅组成胶东兵团，由陆军副总司令范汉杰指挥，进犯胶东解放区。

胶东三面环海，南依胶济铁路，腹地多山，是华东解放区主要后方基地。内线兵团司令员许世友、政治委员谭震林，遵照中共中央军委关于要打中、小规模的歼灭战，钳制消灭进犯之敌，保卫胶东的指示，集中第二纵队、第七纵队、第九纵队、第十三纵队和第一纵队的独立师、第四纵队的十师等部队，分别隐蔽在胶济路南诸城县和胶济路北掖县地区，迎击国民党军的进攻。

9月初，国民党军胶东兵团，由潍县、青岛等地出犯，我内线兵团以第十三纵队一部，配合胶东军区地方武装，在正面进行运动防御，诱敌深入，并以地方武装和民兵游击队在后方袭扰；第九纵队和第十三纵队，以主力在莱阳县至招远县之间地区，对进犯的国民党军整编第八师、第九师等部，实施多次反击，予以重大杀伤。9月22日，我第九纵队、第十三纵队，从进攻的国民党军间隙，跳转到掖县东南的大泽山区。在二十余天的顽强阻击中，国民党军被歼一万四千余人。与此同时，我第二纵队、第七纵队，在诸城痛击敌整编第六十四师，歼灭其二千七百余人。敌军则占领我胶东十余座县城。

在胶东突围前我后方机关情况

从1946年8月开始，我在华东军区卫生部医校四队学习。按预定的教学计划，到次年7月课程尚未结束，但由于我军临朐——南麻战役失利，加之编为外线兵团的部队即将出发，部队急需医务人员，于是我们便在山东沂水县吕家西山提前毕业了。我和其他五位同志，被分配到华东野战军第六纵队卫生部后方医院。由于第六纵队被编为外线兵团，后方医院的伤病员不能随军行动，我和一批同志，被指定护送伤病员向胶东地区转移，沿途重伤员睡担架，轻伤员骑毛驴，一路晓行夜宿，经过诸城、莱阳、平度等地，到了海阳县的峨山后，在此休整了一段时间，过了一段相对稳定的生活。

就在国民党军占领我胶东地方十余座县城时，我们在海阳一带的后方机关，包括军队的后勤部门和地方的金融单位、新闻单位，已在敌人的四面包围之中，安全受到严重的威胁。根据双方的军事态势，敌军对我内线兵团固然奈何不得；但对敌较强大的胶东兵团，我内线兵团在短时期内也难以将其全部歼灭。据此，上级决定在内线的后方机关，在我内线兵团兵力的掩护下，要冲出国民党军的包围。于是后方机关的领导，开始具体组织突围工作。

根据当时人员的实际情况，决定将全体人员分为三个部分安排：一是伤病员和年老体弱的同志，难以跟随突围部队行动，由地方政府安排，就地打埋伏；二是随军的家属和小孩，由海上转移到当时为苏联军队管理的大连市；三是除以上两部分人员外，全部跟随部队突围。在突围的同志中，还要区分哪些同志水性较好，能够在渡河时起骨干作用；哪些同志是“旱鸭子”，在渡河时需要别人照顾。我被编入突围部队，并被编在水性较好的人员行列中。据事后了解，打埋伏的同志，基本没有发生什么问题；参加突围的同志有部分伤亡，绝大多数同志安全突出国民党军的包围圈；渡海到大连的同志，多数人安全到达大连，但由于乘的是木船，在海上曾遇到国民党军舰船的截击，少数女同志被俘，但是由于不了解她们的具体身份，后来也被释放。

胶东突围的三天三夜

第一天。在突围部队编组中，我们是第四大队，大队长是老红军、六纵队十七师供给部部长何正德同志。在太阳快要落山时，我们在老百姓地瓜地里结集，听取领导同志关于突出重围的动员报告，包括如何通过我们自己布设的地雷区，如何安全通过五龙河，如何通过敌人的火力封锁线……随即开始了行动。在行军途中，我们确实看到路上有很多用石灰标记的白色圆圈，这就是地方武装部队为阻滞国民党军而布设的地雷阵。我们在向导的带领下，左拐右拐，蛇形前进，没有发生触雷事故。不久便到了五龙河，由于不久前刚下过大雨，所以

指挥员在前线指挥（右一为许世友）

河水暴涨，河面很宽，水流也很湍急。不过我们已有预案，前卫部队已经在河的两岸拉好了绳子，我们只要抓住绳子即可安全渡过。

快到上半夜时，我们要经过国民党军据点附近的道路，当天正好是中秋节，月色分外皎洁，加之大部队行动，难免有声音传出，所以被敌军发现了。但敌军不了解我军的情况和企图，不知是我军路过，还是去突袭他们，所以也不敢贸然出击；由于看不到具体目标，敌军炮火无能为力，但密集的轻武器火力，像阵阵狂风一样向我们袭来，子弹在身前、身后啪啪作响。我们在出发之前，上级已有明确要求，在敌军火力下，既不要还击，也不要放慢行军速度，而是要跑步通过火力封锁区。这一晚上，肯定会有一些同志在敌军的火力下长眠于此地；这一晚上，我们跑了一百五十里。及至天色微明，才到了比较安全的地区。此时真正是人困马乏，有的女同志实在跑不动了，只好靠抓住骡马尾巴前进；而骡马也已精疲力竭了。安全突围之后，人们往往用这样的话来取笑女同志："你们也是突围过来的？是拽马尾巴过来的吧！"

第二天。由于国民党军掌握着战区制空权，每到白天，敌人的作战飞机，就像没头的苍蝇一样，在空中嗡嗡乱叫，寻找空袭目标，所以我们的行动只能是晓宿夜行。第二天晚上行军不久，便经过"还乡团"（"还乡团"，就是当地的地主、富农分子，在我们掌握农村政权时，为逃避受压榨农民对他们的清算，便逃亡到国民党统治区；在国民党军进犯解放区时，他们便跟着"国军"还乡，对贫下中农实行疯狂的报复，他们无恶不作，是真正的土匪）的演戏台前，由于当地是敌人占领区，他们根本不会想到有解放军从此地经过。所以双方相安无事，他们在台上照样演戏，我们在台下照样行军。有时有人问起"你们是哪一部分的"，回答是"'国军'正规部队"。我们有个别的人，甚至在台下逗留片刻，看看台上到底演的是什么戏。

第三天。一夜行军无话，但快到宿营地时，却发生了一个戏剧性的插曲。一位营的领导干部，带着通信员打前站，为后面大部队“号房子”。不料预定的宿营地，已被“还乡团”住下，在这位营领导到达时，“还乡团”的头头满口表示欢迎“国军”光临，并询问这位领导是“国军”哪一部分的。这位领导随口答道“我们是‘国军’整编六十四师的”，同时示意通信员立即到后面部队报信，让他们赶快包围这个村庄，消灭这股“还乡团”。待部队完成包围村庄后，这位营领导突然掏出手枪对“还乡团”头头说：“老子不是‘国军’，是来送你们上西天的解放军。”并一枪把那个“还乡团”头头打死了。此时村里的“还乡团”其他成员乱成了一锅粥，四散奔逃，有的正好碰到我包围部队枪口上见了阎王，但大部分还是从无法包围的河道逃跑了。

经过通宵行军，部队本来已经很累，把“还乡团”赶跑以后，大家以为可以美美地睡上一觉了，不料在天亮以前，村边突然枪声大作，爆炸声连连……原来是发生了一起自家人打自家人的悲剧。事情经过是这样的。胶东南海军分区部队，当晚在消灭了附近一个村子里的“还乡团”以后，得知我们所在的村子里还有“还乡团”，他们便连夜奔袭，对我们的驻地发起了突然进攻。我们的卫兵和随后赶到的部队，以为是“还乡团”又回来了，予以坚决回击，双方打得都非常顽强，但双方又都非常纳闷：从来没有见过“还乡团”会这样死打硬拼的，怎么回事？直至天色微明，大家才发现原来都是自己人，但为时已晚矣。在战斗中，双方除战士有伤亡外，我们还有一位教导员腹部中弹牺牲。在战斗进行时，我刚刚离开住房，一发炮弹突然在门前爆炸，因距离很近，所以炸声震耳，气浪袭人，弹片嗞嗞从耳旁飞过，如果不是提前走出住房，我绝无幸存之理，我这匹“野马”大概只能在突围中“报销”了。

尾声。经过三天三夜的边作战、边行军，我们共走了四百五十里路，终于突出了国民党军包围圈。到达胶县以后我们进行了阶段性休整。此时第六纵队十七师的学兵队（教导队）正好缺少医务人员，我即被调到学兵队工作。当时六纵主力部队，已到达河南省漯河一带，为了尽快归还建制，我们围绕济南以东、东北的胶县、寿光、广饶、博兴，过黄河到达北镇，并在滨县进行小休整；以后又从济南以北的惠民、临邑到达济南以西的聊城，并在聊城度过了元旦佳节。为避开济南敌人的干扰，我们整整围绕济南转了大半个圈子。节后又从范县渡过黄河，进入河南省的扶沟县、鄢陵县到达漯河一带，并在漯河一带归还第六纵队建制。经过三个多月的行军——休整，休整——行军，最后完成了胶东突围的最终任务，回到思念很久很久的原来部队。但这时我已不是第六纵队直属队的人了，而是到了第六纵队第十七师学兵队。

（本文选自中华魂网）

商潢战役，王树声九死一生

文／范江怀

1932年，打下黄安，过完新年，大雪就劈头盖脸地砸了下来，把整个世界染得洁白。

老百姓说，这是瑞雪兆丰年。

红军把南线的敌人打得不敢轻举妄动之后，就回过头来，收拾北线之敌。

在北线，敌人共有四个师和一个独立旅，驻守在商城、潢川、固始三县，互为犄角，呈倒三角之势。

敌人如此部署的意图很明确：以商、潢、固三县为阵地，以商城陈耀汉五十八师为前哨，蒋介石嫡系汤恩伯第二师为第二梯队，与驻守在固始的戴民权的二十五师相呼应，打通与麻城之敌的联系，构成一条隔离地带，把鄂豫苏区与皖西苏区分割开来，以便在“围剿”中各个击破。

红军的战法仍采用熟透了的“围点打援”。

针对敌人的兵力部署，红四方面军总指挥徐向前提出了商潢战役的总体方案：第一步，重兵“腰斩”汤恩伯第二师，控制商潢公路；第二步，切断商、潢两城敌军的联系，围困商城，吸打援敌；第三步，相机夺取商城、潢川等县城，粉碎敌人的北线“围剿”。

为了确保商潢战役的胜利，徐向前除了率领红四军三个师北上豫南之外，同时命令在皖西活动的红二十五军之七十三师西进，参加商潢大战。

1月底，红十一师作为首发部队，像一把利剑，直刺敌人重兵把守的北亚港。

虽已是漫天风雪，但王树声和官兵一样，都是单衣在身。听说要打仗，红军战士个个跃跃欲试，摩拳擦掌，斗志高昂，单衣也就变“厚”了，不觉得怎么冷了。

和官兵们不一样的是，在王树声的眉宇间，洋溢着一丝不易察觉的喜悦。这当然不是因为对自己很信任的总指挥徐向前又让他带领部队打头阵，而是他得知，驻北亚港的敌军是蒋介石的嫡系部队汤恩伯的第二师。与蒋介石的嫡系部队交战，显然是一场硬仗。

王树声喜欢打硬仗，而且一打硬仗就来劲。

部队在纷纷扬扬的大雪中向北疾进。包括汤恩伯在内，敌二师根本就没想到，这么恶劣的天气红军会打上门来。

借助大雪和暮色的掩护，红军神不知鬼不觉地包围了北亚港。

北亚港驻有汤恩伯第二师师部和一个团，北门外的十里头，则驻守着敌十二师的另一个团。

一待各团都进入了攻击出发阵地，王树声就命令通信员发射了两颗红色的信号弹。顿时，北亚港的南北门响起了激烈的枪声。

枪声裹着呼啸的风雪，一下子就把北亚港的守敌给打醒了。当副官急急忙忙地跑进去报告时，正在饮酒赏雪的汤恩伯，还以为是“赤匪”游击队的骚扰。

紧一阵密一阵的机枪声，和间或爆响的迫击炮声，很快就把汤恩伯打得燥热不安。他头上的汗水由热变凉之后，终于判断出这是红军的主力部队把自己包围了。

北门和南门频频告急，汤恩伯自知一团的兵力难以抵挡住红军几个团的围攻，就决定从北亚港撤退。

被徐向前称作是志大才疏的汤恩伯，在撤退时倒表现出了自己的“聪明才智”。他没有从北门突围，而是从人们意想不到的西门野外，逃回了潢川县城，从而躲开了北门公路上王树声布下的伏击圈。

王树声指挥部队攻城时，开始敌人还挺顽强的，蒋介石的嫡系和一般杂牌军的战斗力就是不一样。可打着打着，王树声就发现不对头，守敌是越打越不经打。

等打下北亚港一看，竟然全是一些民团。原来，汤恩伯让民团留下抵抗红军的攻城，自己率部悄悄从西门开溜了。

红十一师没有端掉汤恩伯的一个团，只在十里头击溃了敌十二师的一个团，气得王树声两眼瞪得溜圆直喷火，牙齿也咬得“咯咯”直响。

徐向前指挥的红四军，一夜之间，就在大雪之中出其不意地击溃了商潢公路两侧的敌人，切断了潢川与商城之间的联系，使商城的敌人孤立起来。

红军在完成了第一阶段的战斗任务后，随即就把商城围困起来，进入了吸引并伏击敌人援军的第二阶段。

驻守商城的敌五十八师被围困后，虽值天降大雪，可师长陈耀汉仍急得像热锅上的蚂蚁，坐卧不安。他一天数电，频频发向武汉、郑州和南京，哀求上司，赶紧向商城增派援兵。

退守潢川的汤恩伯等敌军师长们，在蒋介石急电斥责下，不得不冒雪南下，援救商城之敌，寻机与红军“决一雌雄”。

2月1日，敌人以十九个团的兵力，由北向南，朝围困商城的红军压来。

此时的红军，只有十个团的兵力。总指挥徐向前果断地调整了作战计划，决定在商潢公路的中段打一个大的伏击

抗日战争时期的王树声

1939 年冬，晋冀豫军区副司令员王树声（左）在辽县芹泉村

战，由陈赓率领的红十二师在正面阻击敌人，红十师和红十一师在左翼、红七十三师在右翼，准备实施两翼包抄。

2月的雪，骤下骤停。

大地萌动的春意直往地面上顶，一会儿把雪给融化了些，一会儿又覆盖了一层新雪。放眼望去，沟沟坴坴，山山坡坡，到处都是一片银白，只有被红军和白军踏过的道路，是黑一块白一块的。

王树声率领红十一师，沿着商潢公路的左侧，直插白露河的傅流店，准备抢占渡口，切断敌人的退路。

红十一师突前的是三十二团，王树声就随前卫团行动。

先头部队很快就与敌人接上了火。这一带村寨特别多，而且村寨大多有水壕，易守难攻。

团长廖荣坤带领三十二团，一个村寨一个村寨地与敌人争夺。王树声的师指挥部，是部队打到哪就跟到哪。

国民党军嫡系部队的实力果然不凡，武器好，弹药足。当然，这时的红军也有了机枪和小钢炮，可谓是棋逢对手。

国民党军没想到红军打仗这么勇猛，个个端着上了刺刀的步枪，有些是挥着大刀，"啊啊"地吼叫着就攻了上来，对阵双方有时就看谁的气势盛，谁就占上风。这一点，国民党军比不上红军。

雪，并没有因为激烈的战斗而停止自己的挥挥洒洒。国民党军都把棉衣翻过来穿，和雪地融成了一色。有时红军杀到敌人跟前，才发现雪地里卧着一片国民党军，旋即就展开了一场肉搏。

激战过后，雪地里是红一块白一块，和翻出来的黑泥浆又搅到一块。

雪白血红泥黑，搅翻了一个洁白的世界。

虽身为师长，可部队打穿插，和敌人短兵相接，王树声和普通士兵几乎就没有两样，一同冲杀，一样地格斗。

很多老红军在回忆时都说，红四方面军为什么那么能打仗，很重要的一条，就是指挥员下到第一线，身先士卒。所以，连、营、团甚至师的干部伤亡特别多，也换得特别勤，就是能活到今天的，身上随便也能找出五六处伤。

一位老红军甚至这么跟我说，只要是红四方面军的老人火化了，你随便就能从骨灰中拨拉出弹片来。

战至黄昏，红十一师三十二团占领了傅流店渡口，切断了敌人的后路。

王树声让部队一面修筑工事，一面搞饭吃。

"荣坤，有没有捉到俘虏？"王树声想找一个俘虏问问敌情。

"国民党军嫡系比茅坑的石头还硬，打了近一天的仗，我们毙伤敌人不少，缴获的枪支也不少，可就是没抓到一个俘虏。"团长廖荣坤愤愤地说。

看样子，国民党军的嫡系与杂牌军还确实不一样。

此时的王树声，还不知道，红十一师三十三团和红十师三十团正兜住了一条大鱼。他们围住的刘寨，正是援敌的总指挥中心，敌第二师师长汤恩伯、第十二师师长曾万钟、第二十路军总指挥兼七十六师师长张钫等三位援兵师长，全龟缩在里面。

由于敌情不甚清楚，再加上在风雪中鏖战了一天，红军在天黑后就停止了进攻，就地构筑工事，准备来天再战。

一个千载良机，就因为没有俘虏、情况不明而错过了。否则，汤恩伯就无缘活到1949年，在上海再与人民解放军

1965年8月，王树声夫妇同徐向前夫妇（右一、右二）合影

中华人民共和国成立初期的王树声

作对了。

被围在刘寨的国民党军几个师座，个个如坐针毡，不知所措，都不约而同地把目光集中在了蒋介石的嫡系汤恩伯的身上。他们连连对汤恩伯说："克勤（汤恩伯字）兄，您赶紧拿一个主意呀，咱们可不能在这里坐以待毙。"

孤傲的汤恩伯，虽然也是五爪挠心，但还硬撑着一个"临危不惧"的架子，说："慌什么？"

"'赤匪'的枪声里夹杂着机枪和少量的炮声，基本上可以断定，前后夹击我们的是红军的主力。在刘寨这个鬼地方，不利于我们的大部队展开。我看，我们还是在天黑以后，跳出红军的包围圈，然后再寻机与'赤匪'决战。"汤恩伯嘴上虽这么说，但心里更清楚，自己的二师已经损兵折将不少，再抗下去，情况并不妙。

一听说要撤，几位敌师长马上迎合道："对！对！还是克勤兄棋高一着。"

在这样的大雪天里，几位敌师长早就想撤到安全地带，不想当赵冠英第二。只是谁都不敢第一个率先撤离，怕蒋介石怪罪下来，担当不起。现在有蒋介石的嫡系汤恩伯开路，大家自然是求之不得了。

"命令部队，天黑以后，先抢占傅流店渡口，然后向北撤退！"汤恩伯向副官命令道。（1944 年，日军进攻河南时，身为第一战区副司令长官的汤恩伯率部望风而逃，成为中原大溃退的祸首。其实，在汤恩伯的军事生涯中，有很多次溃逃的经历，可称得上是"溃逃专家"。也许，他的溃逃"爱好"是在大别山与红军作战时养成的。）

天完全黑下来以后，王树声就和政委甘济时，在一个瓦房里铺开了地图，研究明天的作战计划。

不一会儿，团长廖荣坤、政委张广才裹着一身风雪就进来了。

"师长、政委，三个营的部署已经安排好了，我们决不放过一个敌人。我建议你们，还是把师指挥部挪到安全的地方为好，明天这里的仗肯定会打得很激烈。"廖荣坤劝道。

"哈哈，要赶我们走呀！"王树声转过脸来对廖荣坤说，"我们就知道这里的仗会打得激烈，才把师指挥所放在这里。"

正说着，忽然，一发炮弹"轰"的一声在屋顶上炸开了，瓦片和泥土，噼里啪啦就掉了下来。

紧接着，响起了密集的机枪声。

"不好。敌人要跑了！"王树声对廖荣坤命令道，"叫部队准备战斗！"说着，就和政委一起跑出了屋子。

雪在夜里停了。在茫茫雪地的反光下，黑压压的敌人向渡口扑来。

"同志们，狠狠地给我打，不要叫敌人跑了！"王树声洪亮的声音在旷野里炸响，极大地鼓舞了大家的斗志。

战斗进行得异常惨烈。突围的敌群，像决了堤的洪水，拼命向我军的阵地涌来。红军就用手榴弹、机枪乃至刺刀和大刀，拼命地堵口子。

两军绞杀在了一起。红军的喊杀声，敌人的号叫声，格斗时刀枪的撞击声，以及枪炮声，在雪夜传得很远很远……

敌人拼死往外突，我军的阵地被敌人突破了几个口子。王树声率领师手枪队和交通队，也投入了堵口子大战。

天明，战斗结束。

激战了一夜的傅流店渡口，像是在

下了一场白雪过后，又下了一场黑雪，场景惨不忍睹。

白雪覆盖下的黑泥浆被炮火炸翻过来，抹黑了一具又一具碎尸；鲜血洒在雪地上，早已被冻成了黑色；那些被炮火撕碎熏黑的躯体，在雪地里特别醒目……

从高空鸟瞰下去，在白雪的衬托下，傅流店渡口就像一朵炸开的黑色花朵。在尚未散尽的硝烟中，还不停地传来伤兵撕心裂肺的哀鸣。

数百国民党军尸体横卧雪野，八百多敌人做了红军的俘虏。只因红军堵口子的兵力单薄，才使汤恩伯等国民党军得以溃退到潢川。敌人其他各路援军，见蒋介石的嫡系二师遭重创，便不击自溃，各自逃命去了……

政委甘济时指挥部队打扫战场时，竟不见了师长王树声，就急了，大声喊道："警卫员，师长呢？"

也是一身血污泥污的警卫员，支支吾吾地说："昨晚，打着……打着，我就……和……师长冲散了。"

甘济时一看情况不妙，就对围拢上来的官兵大声命令："大家赶快找师长去！"

官兵觉得，师长在夜空中的喊杀声，刚刚还回响在耳边，这会儿怎么会不见了呢？

"王师长！王师长！"大家呼喊着，急速地散开，在沟沟垄垄，在战壕和掩体里，寻找查验着一具具尸体。

政委甘济时在一堆尸体中发现了一个还在蠕动的躯体，上前翻过来一看，是师长王树声，就大声喊道："师长在这里！"

只见王树声一脸一身全是血污，红一块白一块的，右手还紧攥一把砍卷了刃的大刀，左手则反握着打完子弹、涂满血浆的手枪。

甘济时赶忙抱起不省人事的王树声，也不知道他到底是哪儿受伤，受的是枪伤、刀伤还是炮伤，耳贴胸一听，心脏还在跳动，就大声喊着："师长还活着，担架，担架！"

师长被抬走了。

雪又纷纷扬扬下了起来，风也开始怒吼。

望着消失在茫茫风雪之中的担架，红十一师的官兵，不知师长此去是死还是活……

敌人十九个团的援兵被我四个红军师击溃后，被围困在商城的敌五十八师见救援无望，就扔下大炮和笨重物资，连夜弃城突围。他们不敢向北逃窜，而是选择了一个红军意想不到的方向，朝南逃到了麻城。红军遂克商城。

商潢一战，红军消灭敌人四千多人，俘敌近千，缴获枪支两千多支。特别值得一提的是，蒋介石的嫡系第二师被我红军重创后，一蹶不振，汤恩伯由此也被蒋介石撤了职。

（本文摘自《中国人民解放军大将传记丛书——王树声大将》，解放军文艺出版社出版）

刘大嫂

文／邓洪顺

1944年5月，我们部队在洪山一带活动。有一次部队驻扎在桃花店，团便衣队住在一户寡妇家里。女房东亡夫姓刘，因此大家都叫她刘大嫂。她身边只有一个四岁的小男孩，生活很苦。同志们对刘大嫂很同情，常常盛饭给她和孩子吃，帮她下地干活，有时还给她讲些抗日救国和穷人闹翻身的故事。

一天，部队接到上级通知要马上转移，在前不久战斗中负伤的小林不能随队行动，决定寄放在老乡家里养伤。团领导反复考虑认为，刘大嫂出身贫苦，朴实善良，她家比较合适，决定叫我去找刘大嫂征求意见。当我说出团里的请求时，她的泪水就顺腮流下来。她说："队长，俺家孩子爹就是被敌人抓去盖炮楼砸死的，我恨死他们了。我愿意！"

临走时，我交给她一些西药，并告诉她怎么洗伤口、换药。我掏出几百元敌占区使用的民生券，她连忙按住我的手说："队长，钱我不要，但我向你保证，只要我活着，小林就不会有问题。"见她态度坚决，我也不好再说什么。我从战士们的粮袋里凑了几十斤大米留给她，这次她没有推辞，高兴地接受了。部队出发了，她领着孩子送出很远。她说："放心吧，有我在，小林就在。"

部队开到潍坊、高密一带和敌人周旋。一天，行军途中经过桃花店，我想起刘大嫂和伤员小林，就顺路去看看他们。看到我，小林十分高兴。看见他脸色红润，精神很好，我就知道这些日子刘大嫂费心了。

小林向我夸起刘大嫂来："你们留下

的大米，她和孩子一点也没舍得吃。开始我不知道，每次吃饭时见她和孩子总是端起碗到外面去吃。有一次我发现她娘俩碗里尽是野菜糊糊，心里很不安。她却若无其事地说，她就喜欢吃这些东西，伤员吃好一点伤好得快。”便衣队在桃花店住了一夜。第二天出发前，我想给大嫂留些钱，她还是坚决不收。

两个月后，小林伤愈归队了。我问她刘大嫂怎样？小林话未开口，眼泪已流出眼眶，然后他讲述了我们走后发生的事：

原来我们走后，国民党孙十团开到了桃花店。先头号房子的人听说刘大嫂是寡妇，便不怀好意地要号她的房子，刘大嫂说什么也不肯。在敌人的逼迫下，她推说丈夫正在养病，不能让人住。这些家伙听说刘大嫂有丈夫，不知是真是假，半信半疑地走了，并把这些情况告诉了甲长。甲长是个好人，他知道刘大嫂家里住着伤员，便私下里让她快想办法。

刘大嫂慌了，她知道小林不能再住在家里了，怎么办呢？她忽然心里一亮，想起自己一个表妹住在杏花山中，独门独户，周围都是树林子，她决定把小林转移到那儿去。表妹听说是八路军伤员，二话没说就同意了。天黑后，姐妹俩用一副竹杠，悄悄地把小林抬进了杏花山，安置在红芋窖里。刘大嫂为小林铺好了床铺，又向表妹交代了洗伤口换药的事，才起身回去。

第二天，国民党的孙十团进了桃花店，一同来的还有个“地头蛇”联保主任赵有利。他听说刘大嫂家里有男人，知道有问题。可搜了半天什么也没发现。

这时一个敌兵跑来报告说后面一间屋子里有问题。赵有利带人跑到后屋，闻到一股药味，他扭转身一把抓住刘大嫂的头发说：“你窝藏‘奸匪’还敢抵赖！你说，把共产党的伤员藏哪儿去了？”赵有利朝狗腿子们一挥手，把她带走了。

刘大嫂被押到联保队，赵有利为了让她说出伤员藏在哪里，对她严刑拷问，但刘大嫂始终咬紧牙关，一言不发。六天过去了，赵有利原想从这个妇道人家嘴里搞出点东西来向主子请功，没想到遇到这么个倔强的女人，什么都没捞到，最后只得垂头丧气的叫爪牙们：“算啦，这女人鬼迷心窍，快叫人抬走，别让她死在这里。”

刘大嫂被乡亲们抬了回来，在乡亲们的照料下，她的伤渐渐好起来了，又过了一段时间，能拄着棍子慢慢走动了。

她刚刚能走路，就想看看小林怎么样了。一天夜里她煮了几个邻居送来的鸡蛋，用手巾包着，拄着棍子摸着黑向杏花山走去。直到天亮，她才跌倒在表妹的堂屋前。接过满是伤痕的双手捧给他的鸡蛋，望着这个为了掩护自己连命都不顾的普通农村妇女，小林再也抑制不住自己的泪水。他跪在地上，握住刘大嫂的双手，哽咽得说不出话来。

“我这条命是刘大嫂用鲜血换来的，我要努力杀敌立功，为天下的受苦人求解放！”后来小林常常这样说。

（本文选自拂晓新闻网）

把三个儿子送到部队

文／刘俊兰

藏在玉米秸垛里躲过“扫荡”

别看我们姐妹几个从小跟着奶奶，可我们竟然连她老人家的名字都不知道。听说她姓秦，人们称她为“秦氏”。

她嫁给爷爷时很年轻，人们就叫她刘嫂。后来，人们叫她刘婶，再后来就成了刘奶奶。虽然我们没记住她的名字，虽然她只是个小脚女人，可她的故事却被村里人传颂……

1937年七七事变后，日军占领了我们的家乡——新乐县小流村。冀中抗日根据地的军民和敌人展开了游击战、地道战。党的地下组织开始组织抗日武装，配合主力抗击日军。祖母识几个字，也比较明事理，党组织的同志找到她，动员她参加妇救会。就这样，一个小脚女人也加入了抗日行列。那时妇救会并不是组织起来统一行动，而是分散在各户，做军鞋、收军粮、挖地道、贴标语、送情报……祖母身强力壮，她除了帮丈夫种地、操持家务以外，几乎把所有的精力都放在了妇救会的工作上。

那时日军经常来“扫荡”，祖母他们不是跑就是藏。一次，敌人突然进村“扫荡”，她藏好了“公家”的东西后，已经来不及跑了。没别的办法，她就藏

1957 年，本文作者刘俊兰（左二）和祖父母、父母及兄弟姐妹的合影

在了猪圈旁的玉米秸垛里。她想，听天由命吧！后来祖母常和我们讲，那时候她的心都提到嗓子眼儿了，真的特别害怕。因为谁都知道，要是让日军搜出来，就会挨枪崩、挨刺刀、被火烧、活埋，甚至还会遭到侮辱。想到这些，她浑身发抖，只有屏住呼吸不出声。过了一会儿，院子里传来一阵杂乱的脚步声和几句叽里呱啦的日本话。祖母的心咚咚地跳，大气儿不敢出，闭着眼等死。真是命不该绝，街上传来了一阵急促的哨声，院子里的人听见以后赶紧都走了。过了好一会儿，祖母才从玉米秸垛里钻了出来，长长地出了一口气。

大儿子牺牲化悲痛为坚强

1938 年，我大伯父才十六岁。为了抗日，祖母把她第一个儿子送到了县武装大队。临行时，祖母把两个玉米面饼子塞给儿子，把身上仅有的一点零钱也掏出来递给儿子，含着眼泪说："儿子，去吧！在家不是让国民党抓壮丁，就是让日本鬼子打死，不如参加八路军，打鬼子，保家乡，就是死了也死得堂堂正正。"她何尝不知道，儿子前面的路是火光，是鲜血，是生与死的搏杀。想到这些，祖母的泪夺眶而出，她说不下去了，只是拍拍儿子的肩膀，把头扭过去……

后来，听说大伯到了聂司令领导的华北部队，再后来，就音讯皆无。祖母四处打听，有的说阵亡了，也有的说调远了。她盼着、盼着，希望有一天会出现奇迹，日夜想念的大儿子会突然出现在眼前。后来，祖母常和我们说，那时她经常梦见大伯，有时梦到他骑着高头大马，有时梦到他浑身血肉模糊……

两年后，祖母收到大伯的阵亡通知

书。那一刻，她已经没有眼泪，只是浑身抖动着，眼望苍天。乡亲们过来劝她，可说啥呢？世界上还有比母亲失去儿子更让人心痛的吗？祖母沉默了许久，突然坐在地上，发出撕心裂肺的号啕声。乡亲们连拉带拽地把她扶到屋里，她望着乡亲们同情、惋惜、悲伤各异的表情，缓缓地站起来，说："乡亲们请回吧，俺能挺住。孩子是为抗战而死的，他死得值！他没给咱乡亲们丢脸！"说完她拼命瞪着眼睛，强忍住泪水。

为报国恨家仇把二儿子送到前线

1940年，二伯父十七岁。为了报国恨家仇，祖母狠了狠心，又把老二送到了队伍上。当时祖父说："我们已经有一个儿子当了八路军，为国牺牲了。为了保住刘家这点血脉，别叫他去了。一家人在一起，死也死到一块儿，心里踏实。"祖母说，日军一天不被赶走，老百姓一天不得安生。在家手无寸铁，只能等死，到队伍上还有机会和敌人拼个你死我活。不幸的是，二伯父也在解放太原的战役中牺牲了。

二伯父参加八路军的消息不知怎么传到了敌人那里，于是，敌人将我家视为眼中钉。1940年秋季的一天，一队日本兵还有几十名伪军进村"扫荡"。祖父祖母带着我年幼的父亲，提前得到消息躲了起来。听祖母说，那时家家都是整天东躲西藏。日军到这个村，人们就跑到那个村，日军到那个村，人们就又跑回这个村。这次日军一进村，就直奔祖父祖母家。可能是到家一看，不但连个人影也没见，而且家里没有一样值钱的玩意儿。敌人气急败坏，几个日军像野兽一样哇啦哇啦地吼叫着，放火烧了房子还嫌不解气，又扔了一个手榴弹，使原本就破旧的房子彻底变成了一堆焦土。一个好端端的家，就这样被敌人毁了。

抗战胜利又送走最后一个儿子

1945年8月，日本投降了。人们奔走相告，欢欣鼓舞，祖母也迈着一双小脚走在欢庆的人群中。也就是在这一年，她又把最小的儿子，也就是我的父亲刘作信，再次送到了部队上。她这么做，或许是为了保卫胜利果实，或许是为了让父亲继承哥哥们的遗志。父亲临走之前，祖母拍着父亲的肩膀，声泪俱下地说："儿啊，你们哥仨，就剩下你了，娘不能再失去你了。你答应娘，要好好活着，娘等着胜利，娘等你回来呀！"

父亲命大，经过解放战争的洗礼，经过血与火的考验，他成为战争的幸存者，全家终于迎来了胜利的曙光！

几十年过去了，祖母的英魂随风散去，祖母的尸骨也融于大地，但她的音容笑貌永存我们心间。一个"小脚立大地，昂首向青天"的祖母，一个为中华人民共和国的建立失去两个儿子的母亲，永远活在我们心中！

（本文选自《河北青年报》）